「底力」シリーズ ⑥

あなたの知らない名詞のダイナミズム

名詞表現の底力
そこぢから

勝見 務／著

はしがき

　本書は、**重要でありながら、なぜか従来あまりふれられてこなかった、英語の名詞にかかわる表現方法**をわかりやすい切り口で展開したものです。
　文法書などでは、英語の名詞といえば普通名詞や集合名詞といった分類や数え方、単数と複数で語形が変わるといったテーマが主で、それ以外のことがらはそれほどふれられていないのが現状です。本書を手に取ったみなさんも、名詞は「名前を表す詞」だから、静的な（static）ものだと考えているのではないでしょうか。
　しかし、名詞に関してはもっと理解しておくべきことがたくさんあります。そしてそれらは私たち英語学習者にとっては名詞の分類などよりも重要であり、かつ実用的なものでもあります。

　英語の名詞は想像以上に動的な（dynamic）性質を備えているのです。

　本書ではそうした**名詞のダイナミズム**にできるだけ焦点を当てています。たとえば、次の文の名詞 refusal は単なる名詞ではなくて、動詞の働きもしているのです。

　　His **refusal** to take part in the event disappointed us.
　　「彼がイベントの参加を断ったので、私たちはがっかりした」

　この文の主語である名詞句 His refusal to take part in the event には *He refused* to take part in the event という〈主語＋述語〉、すなわち〈文〉に近い構造が隠されているのです。
　また、次の文の名詞 presence は形容詞の役割も果たしています。

Her **presence** at the party pleased all of us boys.
　　「彼女がパーティに出てきたので僕たち男の子はみんな喜んだ」

　この文の主語である名詞句の Her presence at the party には *She was present* at the party という〈主語＋述語〉の構造が含まれているのです。こうした〈主語＋述語〉の関係は**ネクサス**と呼ばれるものです。本書では１つの章を設けてネクサスについて説明しています。
　また、英語は日本語に比べて人間以外の名詞を主語に使うという特徴があります。**無生物主語構文**と呼ばれるものです。これは英語と日本語の考え方の違いを知る上で興味深い事項です。もちろん、日本語にも無生物を主語とした表現があります。次のような表現は日常的に見聞きします。

　　台風20号は南西諸島を直撃した。
　　そのニュースは人々に衝撃を与えた。

　では、次の２つの英文を見てみましょう。

（1）If you take this bus, you'll get to the museum.
（2）This bus will take you to the museum.

　（1）（2）は同じ意味内容を表しており、どちらも英語としては市民権を得ている表現です。しかし、これらをそれぞれ日本語に直訳してみると、（2'）には"？"がつく（日本語として不自然に感じられる）でしょう。

（1'）　このバスに乗れば美術館に行けます。
（2'）　? このバスはあなたを美術館に連れて行ってくれるでしょう。

なぜ英語では(1)(2)の文が両方とも可能なのに、日本語では(2')は不自然なのかという理由は学校や文法書ではほとんど説明されていません。本書はこうした、いわば**「言葉の根幹に関わる事項」**について斬り込んでいます。

　本書によって英語と日本語の考え方や、モノのとらえ方の違いというものを理解することが、英文法を学習する上で重要であることをわかっていただければ幸いです。

　　　　　　　　　　　　　　　勝見　務（KATSUMI Tsutomu）

本書の構成と使い方

　本書は全8章で成り立っています。目次をご覧になればおわかりのように名詞に関するさまざまな事項を取り扱っていますが、**これまで学校などで学習した、あるいは一般的な文法書で扱われている英文法とは趣向を変えています**。重要でありながら、これまで見過ごされたきたような事項をできるだけわかりやすく説明しています。

　とりあえず、本書を軽く一読してみてください。そうです、小説でも読むような感じで結構です。読んでいるうちに、「ああ、なるほど、そうだったのか」と腑に落ちる箇所が何か所かきっと見つかることでしょう。そのあと、あなたの興味をそそられた章から順次、腰を据えてお読みください。

　各章とも"0"のついた最初の項（例：1-0 情報の新旧と伝え方）はその章の概説的な内容になっています。まずここで、その章で扱う内容をおおまかにつかんでください。章によっては構成がほかとは異なるものがありますが、それはその章で扱う事項の性質によるものです。各章ともできるだけ多くの例文をあげるようにしました。例文は大半が簡単な文ですが、中には難しそうなものも若干入れておきました。文構造などの解説も適宜付けました。

　各章の最後には**「第〜章…の底力」**として、その章のまとめのページを設けました。単なるまとめでなく、その章で学んだことが実際の英語使用においてどのように活用できるかについても述べています。

　適宜、**「閑話休題」**のコラムを設けました。ウンチクのネタにでもしていただければ幸いです。

　巻末に**「参考文献」**として本書を書く上で参考にさせていただいた文献を付しておきました。さらに専門的な事柄を学習したい方の参考になればと思います。

目　次

はしがき　002
本書の構成と使い方　005
本書で用いた記号・用語　010

第1章　英語は名詞が物を言う（英語の情報の伝え方） 011
1-0　情報の新旧と伝え方 012
1-1　情報の配列と重要度 013
1-2　情報を担うもの 014
1-3　文末焦点およびその例外 016
　　［1］語順 016
　　［2］不定名詞句・定名詞句と新情報・既知情報 017
　　［3］文頭に来る不定名詞句と定名詞句 020
　　［4］構文による新情報 021
1-4　名詞句とは 022
　　［1］名詞はすべて名詞句 023
　　［2］では固有名詞、物質名詞、抽象名詞は？ 023
1-5　名詞句の種類 025
　　［1］形に基づく分類 025
　　［2］意味に基づく分類 026
　　［3］主語か目的語か？ 027
　　［4］同格を表す所有格など 028

第2章　ネクサスが見えれば英語が見える 031
2-0　ネクサスとは？ 032
2-1　ネクサスのしくみ 033
2-2　ネクサスのいろいろ 034
2-3　ネクサスがわかると何に役立つのか？ 036
　　［1］直訳から意訳へ 036
　　［2］和文英訳で利用する 037
　　［3］文法構造がよくわかる 039

2-4　ネクサスの種類と構造 040
　　［1］　所有格＋名詞 / 名詞＋ of ＋名詞 040
　　［3］　〈SVOC〉の OC 044
　　［4］　分詞構文・動名詞・不定詞 047

第3章　無生物主語構文に秘められた因果関係 057
3-0　何が主語になれるか？ 058
3-1　日本語 vs. 英語 059
3-2　日本語には無生物主語構文はない？ 061
3-3　無生物主語構文を解剖する 064
　　［1］　主語・目的語へのなりやすさ 064
　　［2］　使役動詞 → 無生物主語構文 067
　　［3］　結果指向 vs. 行為指向 072
　　［4］　結果指向の英語 vs. 行為指向の日本語 073
3-4　無生物主語構文の用法 078
　　［1］　無生物主語構文に用いられる名詞 078
　　［2］　無生物主語構文に隠れている２つのネクサス 082
　　［3］　無生物主語構文で用いられる動詞 086

第4章　名詞のさまざまな働きを知る 093
4-0　名詞の意外な働き 094
4-1　英語は名詞から学習しよう 095
4-2　動詞の要素を含む名詞 096
4-3　軽い動詞＋名詞 099
4-4　形容詞＋動作主を表す名詞 101
4-5　抽象名詞の多用 103
　　［1］　抽象名詞と接尾辞 103
　　［2］　〈前置詞＋抽象名詞〉のイディオム 104
　　［3］　〈動詞＋抽象名詞（＋前置詞）〉のイディオム 105
　　［4］　普通名詞の抽象名詞化 106
　　［5］　抽象名詞の普通名詞化 108
4-6　主語になれない名詞 111

4-7	目的語になる名詞	115
	［1］ すべての名詞は目的語になれる	115
	［2］ 同族目的語	116
	［3］ 省略された目的語	117
4-8	補語になれる名詞	119
	［1］ 主格補語の名詞	119
	［2］ 目的格補語の名詞	120
	［3］ 無冠詞の補語	120
4-9	形容詞の役割をする名詞	122

第5章　名詞に代わるもの ... 125

5-0	本来の品詞である名詞に代わるもの	126
5-1	the＋形容詞	127
5-2	前置詞＋名詞	132
5-3	不定詞がつくる名詞句	133
	［1］ 主語の働き	133
	［2］ 目的語の働き	136
	［3］ 補語の働き	139
	［4］ to 不定詞で修飾された名詞句	141
5-4	動名詞がつくる名詞句	142
	［1］ 動名詞の基本的な性質	142
	［2］ the＋動名詞＋of＋名詞 / the＋名詞＋of＋動名詞	145
5-5	分詞が付いてできる名詞句	146
	［1］ 単独で名詞を修飾する分詞	146
	［2］ 他の語句を伴って名詞を修飾する分詞	147
5-6	関係詞が付いてできる名詞句	149
5-7	名詞節の働き	154
	［1］ that がつくる名詞節	154
	［2］ whether/if がつくる名詞節	155
5-8	いろいろな同格	157
	［1］ 名詞句＋（of/or/namely/that is (to say)）＋名詞句	157
	［2］ 名詞句＋名詞節	159

第6章　名詞を他の品詞として、他の品詞を名詞として ... 165
6-0　名詞から他品詞、他品詞から名詞へ 166
6-1　形容詞的に使われる名詞 167
　［1］　名詞Ａ＋名詞Ｂ 167
　［2］　形容詞に相当するその他の用法 170
6-2　副詞的に使われる名詞 172
6-3　昔は名詞だった副詞 175
6-4　名詞になった他品詞 177
　［1］　動詞 ⇄ 名詞 177
　［2］　形容詞 → 名詞 179
　［3］　副詞 → 名詞 181

第7章　名詞にはまだまだ別の顔がある 185
7-0　名詞のその他の様相 186
7-1　複数形で意味の異なる語 187
7-2　名詞の分類が移動して意味も変わるもの 193

第8章　名詞と動詞・前置詞との結びつき 201
8-0　コロケーションとは 202
8-1　コロケーションの重要性と具体例... 203

　あとがき　226
　参考文献　227

本書で用いた記号・用語

- **S** = Subject (**主語**)：動作や状態を表す動詞の主体となる語
- **V** = Verb (**(述語)動詞**)：動作や状態を表す語
- **O** = Object (**目的語**)：動詞が表す動作の対象となる語。前置詞の目的語になることもある
- **C** = Complement (**補語**)：前方にある名詞・代名詞の状態・様態などを説明する語。SVCの文型で用いるもの（＝主語の説明）を**主格補語**、SVOCの文型で用いるもの（＝目的語の説明）を**目的格補語**という
- **口語** = colloquialism [spoken language]：日常の会話やくだけた物言い・文章で使われる語・句・文などで、正式なスピーチや文書では用いられない言葉遣いのこと
- **文語** = literary language [written language]：文学や正式のスピーチや文書などで用いられる言葉遣いのこと
- ☞：本書の中で参照すべき箇所を指す印
- ＊：文法的に成立しない、非文を表す
- ？：文法的に問題はないが、意味的に不自然な文を表す

名詞の種類についてもここに簡単にまとめておきます
- **普通名詞**：同一種属の人間、または生物・無生物に共通する名詞
- **集合名詞**：同一の種族に属するいくつかの個体の集合体を表す名詞
- **抽象名詞**：性質・状態・行為などの一般に抽象的な概念を表す名詞
- **物質名詞**：材料、食物、液体、気体、元素といった、特定の形を持たないものを表す名詞
- **固有名詞**：特定の人・物・場所などに固有の名称を表す名詞

第1章
英語は名詞が物を言う
（英語の情報の伝え方）

　この章では、従来の英文法の範疇ではあまり取り上げられることのなかった、英語における「情報の伝え方」、つまり、情報が何によって、どのように伝えられるかを検討していきます。
　英文では、読み手や聞き手の知っている既知の情報を前に出し、新しい情報を後ろに置くとか、重要な情報は文末にまわすといった英語の特徴があります。英文を読んだり、書いたりするときにはこうした知識が役立つことがわかるでしょう。

第1章 英語は名詞が物を言う（英語の情報の伝え方）

1-0 情報の新旧と伝え方

　どのような言語でも、情報を話し手・書き手が聞き手・読み手に伝える場合にはある**規則性**があります。たとえば、次の文を見てみましょう。

（1）「あなたは誰ですか」
　　　「私**ハ**鈴木です」
（2）「鈴木さんは誰ですか」
　　　「私**ガ**鈴木です」

　ここには日本語の文法でよく問題になる、「ハ」と「ガ」の使い分けがあります。（1）は名前をきかれた本人が答える場合のふつうの答え方で、（2）は「鈴木」という名前の人がいることはすでにわかっていて、それがどの人なのかがわからないときに答えとして出てくる言い方です。情報の伝え方という観点からすると、（1）は「鈴木です」という部分が「新しい情報」を運ぶ部分、（2）では「私ガ」の部分が「新しい情報」を運ぶ部分です。聞き手がわかっていない「新しい情報」を「**新情報**」と呼ぶことがあります。

　これに対して、（1）の「私ハ」、（2）の「鈴木です」はそれぞれ話し手にとっても聞き手にとっても「既知の情報」または「旧い情報」です。これを「**既知情報**」あるいは「**旧情報**」と呼ぶことがあります。

　日本語の場合はこのように、「ハ」と「ガ」の「助詞」が「既知情報」と「新情報」という、情報の伝え方の区分けをしてくれています。では、英語ではどうでしょうか？

1-1 情報の配列と重要度

　英語においても情報を伝える中心になるのは名詞や文全体です。しかし、話し手が名詞に一定の情報を載せて聞き手に伝えるときの仕方、すなわち前項で述べた「既知情報」と「新情報」の伝え方には、**日本語とは異なる規則性**があります。(「名詞」は実際には「名詞句」ですが、それらの関係については順次お話ししていきます)

　書かれた文の場合には原則として、文頭から文末に向かって、情報価値の低い方(主に既知情報)**から高い方**(主に新情報)**へと要素が並ぶように情報を配列します。**(☞「文末焦点の原則」とも呼びますが、これについては 1-3 で詳しく解説します)

　一方、口頭の会話でのやり取りの場合には、文を書く場合と同じやり方が基本ではありますが、適切なイントネーションや強勢、あるいは息継ぎを用いることにより、話し手はどのような情報をその語に担わせるかを聞き手に伝えることもできます。

　また、こうした方法以外にも、英語による情報の伝達には明確な方法があります。これから英語における情報の伝え方と本書のテーマである名詞表現について詳しく見ていくことにしましょう。

1-2 情報を担うもの

　情報を伝達するときには、話し手が発言のポイントに十分な言語的コンテクスト（背景となる文脈）を与えておくとポイントが聞き手に明確に伝わります。それぞれの情報を担うものは名詞句であったり文全体であったりします。ここでの名詞句には名詞が単独で用いられる場合も含みますが、名詞句の考え方については後ほど 1-4 で詳しく見ていきます。ここではとりあえず名詞句を次のようなものとして理解しておいてください。

- 単独で用いられる名詞
- 名詞の前あるいは後ろに他の要素を伴うもの
  （なお、本書では場合に応じて「名詞」とだけ提示している場合もありますが、これも「名詞句」と理解してください）

　コンテクストについては、たとえば、Jack called Betty. という文があるとします。この文は、(1) ～ (4) の a. の文（疑問文）に対する答えとなる場合は、b. の文の太字体の部分（名詞句あるいは文全体）が「新情報」を担います。

Jack called Betty.
(1) a. Who called Betty?
　　「誰がベティに電話をしたのですか」
　b. **Jack** called Betty [her].
　　「ジャックがベティ［彼女］に電話をしました」
(2) a. Who did Jack call?
　　「ジャックは誰に電話をしたのですか」

b. Jack [He] called **Betty**.
   「ジャック［彼］はベティに電話をしました」
(3) a. What did Jack do to Betty?
   「ジャックはベティに何をしたのですか」
   b. Jack [He] **called** Betty [her].
   「ジャック［彼］はベティ［彼女］に電話をしました」
(4) a. What happened?
   「何が起こったのですか」
   b. **Jack called Betty**.
   「ジャックがベティに電話をしたのです」

　では、コンテクストなしに（それ以前に何かの疑問文もなく）、ただ Jack called Betty. と提示されている場合にはどうなるでしょう？　その場合、読み手は Betty が新しい情報と解釈します。1-1 で述べたように、英語では情報価値の低い方から高い方へと配列するのが原則だからです。要するに、**英語ではコンテクストが与えられていない場合には新しい情報**（新情報）**、あるいは重要な情報**（重点情報）**を文末**（に近いほう）**に置くことが原則**なのです。

　なお、(1)～(3) の文中の代名詞（英文中で [ ] 内に示されている部分）にも注目してください。**代名詞は典型的な既知情報**ですね。次の (5) で確認しておきましょう。It は a book を指しているので、すでにわかっている情報、すなわち既知情報です。斜字体 (a book, a rock musician) はそれぞれ新しく示された情報、すなわち新情報です。

(5) John bought *a book*. It (＝ The book) was about *a rock musician*.
   「ジョンは1冊の本を買った。それ（＝その本）はあるロックミュージシャンについての本だった」

1-3 文末焦点およびその例外

英語では情報価値の低いものから高いものへと並ぶように情報を配列するのがふつうです。このように文末にかけて最重要の新情報を置くことを「**文末焦点の原則**」と呼ぶことがあります。

1 語順

英語においては、新情報は文末のほうに置かれるのが原則であると述べましたが、実際、**語順を変えると、それらの名詞句の役割（既知情報か新情報か）が異なってくる場合があります**。

次の例では、動詞 gave の直接目的語になっている名詞句と間接目的語になっている名詞句の並ぶ位置によって、どちらが既知情報を担うか新情報を担うかが異なることがわかります。

(1) Mary gave *Tom* a watch.
　「メアリーはトムに腕時計をあげた」
(2) Tom gave *the watch* to Bob.
　「トムはその腕時計をボブにあげた」

（1）では a watch が新情報を、Tom が既知情報を担っています（メアリーがトムにあげたのは（何かと言うと）腕時計）が、（2）では逆に Bob が新情報を the watch が既知情報を担っています（トムは（もらった）その腕時計を（ほかの誰かではなく）ボブにあげた）。

1-2 の例（5）で確認したように、a watch と the watch の違いは「新出」と「既出」です。**a/an（不定冠詞）は新しい情報を、the（定冠詞）は既知の情報を指す**、いわば信号のようなものですね。

2 不定名詞句・定名詞句と新情報・既知情報

次のように名詞句が主語になっている場合はどうでしょうか。

(1) 机の上に1冊の/何冊かの本がある。
 a. ? ***A*** book is on the desk.
 b. ? ***Books*** are on the desk.
(2) その本なら机の上にある。
 The book is **on the desk**.

 (1a)と(2)を比較してみると、(1a)ではA book、(2)ではThe bookとなっています。ここでの違いはAとTheの冠詞だけですが、(1a)には"?"が付いています。実は英語では(1a)の文は、いきなり新しい[重要な]情報で文を始めない（なるべく文末のほうに置く）という「文末焦点の原則」に反しており、唐突な感じを与えて不自然に聞こえるのです。「机の上に1冊の本がある」という意味はこの英文でよいのでは？と思うかもしれません。しかし、この文は「(ふと)見ると机の上に本がある」といった直接的な知覚を述べる文としては成立しますが、ふつうは用いられないものです。(1b)も同じ理由で不自然な感じがします。
 では(2)はどうでしょうか。この文は、「さっき私が読んだ本はどこだったかしら？」といった問いに対する答えとして成立します。ちなみに(2)ではon the deskが新情報です。
 単に「机の上に1冊の/何冊かの本がある」と言いたい場合は次のようにするのが自然な英語です。

(1a) **There is *a book*** on the desk.
(1b) **There are *some books*** on the desk.

（1b）では some を入れるのが自然のようです。みなさんよくご存知の There 構文ですが、いきなり新情報で文を始めるのを避け、There is/are とワンクッションおく働きがあります。

例文での①「**不定冠詞（a/an, some）のついた名詞句（a book, some books）**」と「**無冠詞の複数名詞句（books）**」、および②「**定冠詞（the）のついた名詞句（the book）**」の働きにそれぞれ注意をしてください。（some は漠然とした数量を表すことから不定冠詞に準ずる働きをすると考える場合があります）　それぞれ①は**不定名詞句**、②は**定名詞句**と呼び、これからはその呼称を使っていきたいと思います。整理すると次のようになります。

① 不定名詞句：不定冠詞（a/an, someなど）の付いた名詞句、
　　　　　　　無冠詞の名詞句
② 定名詞句：　定冠詞（the）の付いた名詞句

同じように、次のような文も There 構文で表し、不定名詞句（＝新情報）を主語にするのを避けるのがふつうです。いきなり新情報で始めた場合には、コンテクスト、すなわち背景的な文脈が不明の場合、唐突な感じが否めないのでしょう。

(3) あそこで女の子が歌を歌っている。
　　a. ? ***A girl*** is singing a song over there.
　　b. **There is *a girl*** singing a song over there.
(4) その洪水で犠牲者が出た。
　　a. ? ***Some people*** were killed in the flood.
　　b. **There were *some people*** killed in the flood.

英語を書く上で、私たち日本人がいちばん当惑することの1つに、書いた文が自然な英語か不自然な英語かをよく判断できな

いということがあります。その好例が先にあげた(1)(3)(4)のようなケースでしょう。英語には「基本的には既知情報を先にあげ、重要な新情報を文末のほうに置く」というルールがあることをしっかりと理解しておく必要があります。There構文は「存在文」とも呼ばれ、私たち日本人の英語学習者が思っている以上に便利です。また、文末焦点の原則をふまえて自然な英語を書く上で欠かせないツールでもあります。

　さて、不定名詞句はふつう新情報を担いますが、**定名詞句は新情報であることも、既知情報であることもあります**。次の(5)〜(7)においては太字体の名詞が新情報を担うのがふつうです。

(5) Jane gave Tom **a book**.
(6) Jane gave Tom **the book**.
(7) Jane gave the book to **Tom**.

　語順を変えることによって話し手が意図する情報が既知か新かが変わります。(5)では不定名詞句が新情報を運んでいます。つまり、What did Jane gave Tom? の答えになっていて、a bookが新情報を担っています。「ジェーンがトムにあげたのは(1冊の)本でした」ということです。

　(6)ではthe book(定名詞句)が新情報(→「ジェーンがトムにあげたのはその本」)、(7)ではTomが新情報(→「ジェーンがその本をあげた相手はトム」)を担っています。

　学生時代に次のような書き換えを習った人も多いでしょう。

　　Jane gave *Tom* the book.　　［第4文型］
　= Jane gave *the book* to Tom.　［第3文型］

　しかし、この2つは単なる文のタイプの変換ではなく、等号

（＝）で結ばれるようなものでもないのです。(6)と(7)の語順は情報の新旧にかかわっています。語順を変えることによって話し手が意図する情報が変わると先に述べた理由がおわかりになったでしょうか。

3 文頭に来る不定名詞句と定名詞句

これまで見てきた例から、不定名詞句は基本的には文頭に来ない（旧情報にならない）ことがおわかりいただけたでしょう。したがって、不定名詞句は文末（になるべく近い箇所）に来るのがふつうですが、次の例のように文頭すなわち主語の位置に現れる場合には、読み手には文全体が新情報を担っていると解釈されます。

(1) **A woman** talked to me on the street yesterday.
「昨日街で女の人が話しかけてきた」

もちろんこの文も There 構文を使って次のように書き換えることができ、この方が文として落ち着いた感じを与えます。

(1') ***There was*** **a woman** who talked to me on the street yesterday.

また、次の例のような応答では、文頭の定名詞句であっても、その主語が新情報を運ぶことになっています。主に会話文で、相手になるべく早く答えを知らせたい場合に用いられる答え方です。

(2) Who broke the window?
The student did (= broke the window).
「誰がその窓を壊したのですか」「その生徒です」

4 構文による新情報

　会話のやり取りでは、話し手は適切なイントネーションや強勢、あるいは息継ぎ (pause) を用いて、その語にどのような情報を担わせているかを聞き手に伝えることができますが、文の場合はふつう、語を左から右へと並べるだけです。しかし、次のように一定の構文（強調構文：It is ... that 〜 / What ... is ＋名詞句）を用いることで、それを伝えることができます。

(1) ***It was*** <u>the window</u> ***that*** Bob broke yesterday.
(2) ***What*** Bob broke yesterday ***was*** <u>the window.</u>
　　「ボブが昨日割ったのは<u>その窓</u>だった」

　(1) の〈It is ... that 〜〉、(2) の〈What ... is ＋名詞句〉の構文では、その焦点に現れている名詞句 the window が新情報を担っています。
　これらの構文は、伝達される情報を既知と新出の部分に明確に分離することを可能にしてくれます。
　(1)(2) の文を次のように書き換えてみます。

(3) Bob broke the window yesterday.
　　「ボブは［が］昨日その窓を割った」

　会話文ではイントネーションなどによって強調したり、あるいは特定の語を強く読んだりすることによっても既知と新出の区分けができますが、書かれた文としての (3) では、何が新情報なのか（すなわち、その文で何を言いたいのか）、その区分けがあいまいなのです。

1-4 名詞句とは

　これまでにもすでに「名詞句」という語を用いてきましたが、ここで改めて名詞句という用語を定義してみたいと思います。その前にまず「句」を定義しなければなりません。

　学校文法では、「句」(phrase) は「文中で名詞、形容詞、副詞の働きをし、それ自体では〈主語＋述語動詞〉を持たない語群」などと定義されています。たとえば、次の例ではどちらも on the table は句とみなされます。(1) は the vase を修飾する形容詞句で、(2) は場所を表す副詞句です。

(1) Look at the vase **on the table**.
　　「テーブルの上の花瓶を見てごらんなさい」
(2) There are some bananas **on the table**.
　　「テーブルの上にバナナが何本かある」

　上の定義に従うと、These movies are very interesting.（これらの映画は大変面白い）の文では these movies や very interesting もそれぞれ名詞あるいは形容詞の働きをしている「語群」ですから名詞句、形容詞句ということになります。しかし矛盾するようですが、学校文法では句とみなされていません。しいて言えば、「movies に these の付いた形」「interesting を very が修飾している形」でしょうか。しかし、**本書では冠詞や形容詞だけが付いた形も句として扱っていきます。その方が名詞にかかわるいろいろな表現の理解に役立つからです。**

1　名詞はすべて名詞句

(1) *I read *book* last week.
(2) I read *a* [*the* / *his*] book last week.
(3) I read (*two* / *some*) books last week.

上の例文の (1) が文として成り立たないことはすでにご存じのことと思います。実際の英語の中に現れる名詞は「裸のまま」ではなく、(2) や (3) のように、つねに「衣」、すなわち a/an, the, his, two, some といった語をまとっています。books のように、前には語が来なくて、"-s" と語形の変化 (複数形) をするものあります。こうした名詞も本書では名詞句として扱います。

こうしてみると、**実際の英文の中では、名詞はつねに名詞句として機能する**ことがおわかりでしょう。

2　では固有名詞、物質名詞、抽象名詞は？

(1) **John** loves **Mary**.
「ジョンはメアリーを愛している」
(2) **Butter** is made from **milk**.
「バターはミルクからつくられる」
(3) **Happiness** consists in **contentment**.
「幸福は満足の中にある」

では、a/an や -s の付かない名詞はどうでしょうか。まず例 (1) の固有名詞の場合について考えてみましょう。「固有名詞」は特定の 1 つの「人やもの」、すなわち唯一の指示対象を示す名詞です。John, Mary は「ぼくらのクラスの John, Mary」、あるいは「うちの会社の John, Mary」という具合にすでに話し手と聞き手

の間で、いわば**暗黙のうちに了解されている情報**です。これを**「見た目には見えない衣」をまとっている**——すなわち**「名詞句」**——と考えることができます。

　(2)の物質名詞 butter, milk の場合はどうでしょうか。材料、食物、液体、気体、元素といった、特定の形を持たないものを表す名詞を「物質名詞」と呼んでいます。それ自体としては境目のない連続的・非限定的な存在で、数の概念を超越しています。したがって、「a butter や butters のようには使わない」と、これも**暗黙のうちに了解されている情報**、すなわち**「見た目には見えない衣」をまとっている**と考えます。

　(3)の抽象名詞 happiness, contentment はどうでしょうか。「抽象名詞」とは性質・状態・行為などの一般に抽象的な概念を表す名詞で、これも物質名詞と同様、本来は数の概念とは関係がありません。また、時間・空間で切断された有限のものではありませんから、不定冠詞 (a/an) を付けたり、複数形にしたりはしません。その他の個体化する、つまり the, his, two など「ある特定の個体と限定する語」はとりません。これも**暗黙のうちに了解されている情報**です。この意味において、happiness や contentment も**「見た目には見えない衣」をまとっている「名詞・句」**と考えることができます。

　これで先に述べた「**実際の英語の中では、名詞はつねに名詞句として機能する**」ことがおわかりいただけたと思います。

1-5 名詞句の種類

これまでに紹介してきた名詞句以外に、以下のような名詞句があります。形に基づいた分類と意味に基づいた分類にグループ分けして見ていくことにします。

1　形に基づく分類

所有格を表すには、原則として名詞の後に"**'s**"を付けたり、複数形の後に"**'**"だけを付けたりします。所有格をその形で分類してみると次のようになります。

(I) 名詞の所有格（…'s／…s'）＋名詞
　a. 単数名詞の所有格：
　　a girl**'s** shoes「女の子の靴」
　　Ms. Jonson**'s** coat「ジョンソンさんのコート」
　b. 複数名詞の所有格：
　　a girl**s'** dormitory「女子寮」
　　ladie**s'** gloves「婦人用手袋」
　c. 群名詞［複合名詞］の所有格：
　　my mother-in-law**'s** sister「私の義理の母の姉［妹］」
　　somebody else**'s** seat「誰かほかの人の席」

(II) 名詞＋of＋名詞
　a. the shoes **of** a girl ＝ a girl**'s** shoes
　　the coat **of** Ms. Johnson ＝ Ms. Johnson**'s** shoes
　b. *the *mountain**'s** foot → the foot **of** the mountain
　　*the *room**'s** wall → the wall **of** the room

無生物を表す名詞は (I) ではなくて、(II) の形をとるのがふつうです。しかし無生物が "'s" の形をとる場合があります。それらは決まり切った表現に多く見られますが、中にはイディオム化してしまって、of による所有格が許されなくなっている（あるいは別の意味になってしまう）ものがあります。

(III) イディオム化したもの
  a. at arm's length「腕を伸ばしたところに」
     *at the length *of* the arm
  b. within arm's reach「腕を延ばせば届く範囲に」
     *within the reach *of* the arm
  c. at a stone's throw「石を投げれば届く所に、すぐの所に」
     *at the throw *of* the stone

2　意味に基づく分類

所有格は「所有」だけを表すものではありません。そのほかにも次のような意味があります。

(I) 主語を表す所有格
  a. **John's** arrival/departure「ジョンの到着/出発」
     (John arrived/departed; John will arrive/depart)
  b. **Catherine's** appearance「キャサリンの出現」
     (Catherine appeared; Catherine will appear)

このように、〈所有格＋抽象名詞〉の場合、**その抽象名詞は論理的に主語の存在を前提としています**。arrival（到着）は「誰かが到着する」ことであり、departure（出発）も「誰かが出発する」という論理的な帰着になります。したがって、〈所有格＋抽象名詞〉

は意味的に a. では John arrived/departed、b. では Catherine appeared のような〈主語＋述語（動詞）〉の関係になっています。このような関係を「**ネクサス**」と呼ぶことがあります。ネクサスについては次章で詳しく見ていきます。

(II) 出所を表す所有格
- a. **the girl's** story「女の子が語った話/女の子によって語られた話」
  (the girl **told** a story/a story **told by** the girl)
- b. **Mary's** letter「メアリーの（書いた）手紙」
  (Mary **wrote** a letter/a letter **written by** Mary)

(III) 目的語を表す所有格
- a. **the villagers'** release「村人の解放」
  (they **released** the villagers)
- b. **Caesar's** murderers「シーザーの殺害者」
  (they **murdered** Caesar)
- c. **John's** promotion「ジョンの昇進」
  (they **promoted** John)

3 主語か目的語か？

同じ〈所有格＋名詞〉でも、名詞の内容によって所有格が目的語を表す場合と主語を表す場合とがあります。

- a. **John's** *employer*「ジョンを雇っている人」〔目的語〕
  (the person *employed* John)
- b. **John's** *employee*「ジョンが雇っている人」〔主語〕
  (**John** *employed* the person)

所有格が他動詞から出た派生名詞、たとえば love（愛すること）、education（教育すること）などと共に用いられる場合には、その所有格は主語を表すのか、目的語を表すのかふつうはあいまいでなので、他のコンテクスト（背景となる文脈）の助けが必要です。

  a. **the mother's *education***
    「母親が（子どもを）教育すること」
    「母親を（誰かが）教育すること」

a. を of を用いて次の b. のように書き改めると、主語の意味は消滅して目的語の意味だけになります。

  b. the education **of** the mother
    *「母親が（子どもを）教育すること」
    「母親を（誰かが）教育すること」

4　同格を表す所有格など

名詞句・節が他の名詞句・節と並列されるなどして、その名詞句・節を説明または限定する場合、そのことを「**同格**」と呼びます。

(I) 所有格＋名詞 / 名詞＋of＋名詞
  a. ***life's*** journey「人生という旅」
  b. the City ***of New York***「ニューヨーク市」
  c. an angel ***of a girl***「天使のような少女」

同格を表す所有格は a. のように決まり切った言い方を除けば、古風な言い回しに感じられるために、b. のように〈of ＋名詞〉を用いるのがふつうです。c. は感情を込めた表現で、意味的には

前半の〈名詞＋of〉は後の名詞に対して形容詞のような働きをします。つまり a girl *like an angel* のような意味が表されています。

同格は他にも以下のようなものがあります。次の例文では太字体と斜字体の語群が同格の関係にあります。これらは所有格は用いていませんが、名詞句を用いていますので参考のためあげておきます。

なお、同格については「名詞に代わるもの」として第 5 章 (5-8) でも改めて詳しく扱いますので参照してください。

(II) 名詞＋名詞

a. **A famous writer**, *Ted Johnson*, is coming here next week.
「有名な作家であるテッド・ジョンソンが来週当地に来る」

b. **Ted Johnson**, *a famous writer*, will be coming here next week.
「テッド・ジョンソンは有名な作家だが、来週当地に来る」

(III) especially, chiefly などの副詞によって説明

a. They have travelled in **many countries**, *especially those in South-East Asia*.
「彼らは多くの国を旅した、特に東南アジアの国々を」

b. She wrote about **the English romantics**, *chiefly Shelly and Wordsworth*.
「彼女は英国のロマン派、主としてシェリーとワーズワースについて書いた」

「第1章　英語は名詞が物を言う」の底力

　この章で見てきたことは、これまで学校文法などであまりふれられてはこなかったので、なじみが浅いウラミがありますが、英語を読み・書きする上で、つねに情報の既知・新出を意識することは非常に重要です。

　「英語では情報価値の低い方から高い方へと要素が線状に並ぶように情報を配列すること」「文末焦点の原則」を理解していれば、英語を読む上で、どこに焦点を当てて読めばよいかおのずとわかるでしょう。

　また英語を書く上では、私たち日本人が自然な英語を書くためのツールとして There 構文を使うとよいことにふれました。英語では「既知情報」を先に述べて、「新情報」を後に述べるという大原則があります。つねにこれを念頭において英文を書くようにすれば、自然な英文に近づけることができます。

　英語の底力を身につけるための第一歩が情報の既知・新出を意識することなのです。

閑話休題

> 　目に見えない衣をまとった名詞句を、「**ステルス名詞句**」（Stealth Noun Phrase = SNP）と名づけようかと考えています。もちろんこれはアメリカのステルス戦闘機（Stealth Air Superiority Fighter）から借用したものです。この戦闘機はレーダーや赤外線探知機などから探査しにくいという特性があります。見えないようだけれども、しっかり存在しているというわけです。

第2章
ネクサスが見えれば英語が見える

　本章では「ネクサスの概念」についての理解を深めることを目的としています。「ネクサス」とは簡単に言えば、〈主語＋述語〉の構造を持ったもののことを指しますが、単に文だけではなくて実はさまざまな句・節の中に現れてくる構造であることが明らかになります。ネクサスを理解することによって、辞書を引くだけではわからない、誤解しやすい英文の意味も明らかになるでしょう。

2-0 ネクサスとは？

「ネクサス」という語はみなさんにはあまりなじみのないものだと思います。これは、デンマークのオットー・イェスペルセン（Otto Jespersen）という英文法学者がその著書（*Essentials of English Grammar* など）で用いた用語です。彼はおよそ次のように説明しています：

「a) the red door; the barking dog と b) The door is red / The dog barks との2種の語群を比較すると、a) はなんとなく固定的で事物を明確な特殊化した表象として呈示しているのに対し、b) のほうは2個の明瞭な観念（doorとred; dogとbarks）を動詞で関係させて、我々に何かを物語っているような感じである。たとえてみれば、a) は一幅の絵のような感じであり、b) はあたかも眼前に展開する劇のような趣がある。また、a) においては、doorとred、dogとbarkingが修飾語と被修飾語の関係にあるのに対して、**b) においてはdoorと（is）red、dogとbarksは主語と述語の関係になっている**。このような場合、a) を「連接」（Junction）、b) を「ネクサス」（Nexus）という。

上のb) The door is red / The dog barks においては、ネクサスが完全な1つの文の形式を整えているが、**ネクサスは文の一部として用いられる場合もある**」（太字は著者）

ひとことで言えば「**主語と述語の関係（ネクサス）は完全な文としてだけでなく、文の一部としても現れる**」ということです。では、この「ネクサス」は英語学習においてどのように役立つのでしょうか。次の項から具体的かつ詳細に見ていくことにします。

2-1 ネクサスのしくみ

　第1章 (1-5-2) で少しふれましたが、〈所有格＋抽象名詞〉が意味の上で、〈主語＋述語〉になることがあります。

(1) **The boy's wisdom** astonished the villagers.
　「その子が賢かったので村人たちは驚いた」
(2) **Her appearance** delighted them.
　「彼女が姿を見せたので[見せたとき]彼らは喜んだ」

　抽象名詞 (☞ 1-4-2) にはほかの名詞にはない特徴があります。たとえば、kindness, wisdom といえば、誰かが being kind, being wise であると考えられます。また、appearance, arrival といえば、誰かが appeared [will appear], arrived [will arrive] と考えられます。したがって、これらの抽象名詞には主語が内に含まれていると論理的に想定できます。上の例文を次のように書き換えてみると、〈主語＋述語〉の関係がより明らかになるでしょう。

(1') The villagers were astonished *because the boy was wise*.
(2') They were delighted *because* [*when*] *she appeared*.

　このように、〈所有格＋抽象名詞〉が意味の上で〈主語＋述語〉の関係にあるとき、それを「**ネクサス**」(Nexus) と呼ぶことがあります。これは「**名詞構文**」と呼ばれることもありますが、本書ではネクサスという語を用います。ネクサスになるものには〈所有格＋抽象名詞〉のほかにもたくさんあります。

2-2 ネクサスのいろいろ

　いろいろなものが、実はネクサスの構造を秘めています。次の文の太字体の部分はいずれもネクサスです。

(I) 〈SVOC〉の文型のOCになっているもの
　a. I found **the cage empty**.
　　「鳥かごは空だった」
　b. We think **this a great shame**.
　　「これはとても残念だと思う」
　c. They called **him James**.
　　「彼らは彼をジェームズと呼んだ」
　d. I heard **the dog bark**.
　　「その犬が吠えたのを聞いた」
　e. He felt **his hands tremble**.
　　「彼は両手が震えるのを感じた」
　f. They firmly believed **him to be innocent**.
　　「彼らは彼が無実だと固く信じていた」

(II) 分詞構文その他
　a. **Weather permitting**, we will start on Monday.
　　「天候が許せば私たちは月曜日に出発します」
　b. **There being no taxi**, we had to walk.
　　「タクシーがなかったので私たちは歩かねばならなかった」
　c. Don't speak with **your mouth full**.
　　「口にものをほおばってしゃべるな」

    d. What a lonely world it will be **with her away**!
　「彼女がいなくなったらこの世は何と寂しいものになることか」
    e. I waited for **you to come**.
　「私はあなたが来るのを待った」
    f. **The dog's barking** was heard.
　「その犬の吠える声が聞こえた」
    g. I waited for **his arrival**.
　「私は彼の到着を待った」

　ネクサスには、文に直すと主語に相当する部分と述語に相当する部分があることが、上の例からわかるでしょう。
　念のために (I)(II) のネクサス (太字体部分) を文の形にしておきましょう。

(I)   a'. the cage was empty
     b'. this is a great shame
     c'. he was James
     d'. the dog barked
     e'. his hands trembled
     f'. he was innocent
(II) a'. weather permits
     b'. there was no taxi
     c'. your mouth is full
     d'. she is away
     e'. you came [would come]
     f'. the dog was barking
     g'. he arrived [would arrive]

2-3 ネクサスがわかると何に役立つのか？

ではネクサスという概念は、はたして私たち日本人の英語学習者にとって、実際にはどのように役立つのでしょうか。少なからずこうした疑問を感じる人もいるのではないでしょうか。

安心してください。私たちにとっては信じられないほど役に立ちます。**ネクサスの概念をしっかり理解していれば、英語を読む上でも書く上でも驚くほど役に立つのです。**

1 直訳から意訳へ

日本人の英語学習者にとっていつも悩まされる問題の１つが、英語を日本語に訳す作業です。学校の英語教育の現場では、「直訳していいですか」とか「どのように意訳すればいいですか」などといった質問が生徒から教師になされることが頻繁にあります。

実はこうした問いに対する決まった答えはありません。それは本人の日本語のセンスにかかっていると言えるでしょう。試しに次の文を日本語に訳してみてください。太字体がネクサスです。

His arrival surprised us.
a.　？「彼の到着は私たちを驚かせた」
b.　「彼がやって来たので私たちは驚いた」

a)がいわゆる「直訳」で、b.が「意訳」です。a.も立派な日本語で、どこにも不自然さやぎこちなさがないように感じられるかもしれません。しかし、a.はもともと日本語にあった表現ではありません。明治時代に欧米の書物を日本語に訳すときに使われ

始め、現在まで生き延びてどうやら市民権を獲得したかに見えるだけです。次の文を同じように訳してみると、a. の不自然さやぎこちなさが際立ってきます。

> **His sudden arrival** *at the party* surprised us.
> a. ？「彼のパーティへの突然の到着が私たちを驚かせた」
> b. 「彼がパーティに突然やって来たので私たちは驚いた」

　もともとは日本語にはなかった表現だから不自然にぎこちなく感じるのであり、そう感じるのが私たちの日本語のセンスということになります。ネクサスの部分に余分な情報が加わると、たちまち「直訳」の居心地の悪さが出てきます。**ネクサスの部分を「主語＋動詞（述語）」として日本語に直すと本来の自然な日本語になります**。b. がそうです。これを「意訳」としてもいいでしょう。

　もっとも、文によってはネクサス部分をそのまま「直訳」したほうが適切な場合もあることを付け加えておきます。

　また、これらの文は無生物（His arrival／His sudden arrival）が主語になっている、いわゆる「無生物主語構文」です。無生物主語構文については次章で詳しくふれることにします。

　なお、ここからは、His arrival／His sudden arrival における arrival のようにネクサスで用いられる名詞（主に抽象名詞や動名詞）を「**ネクサス語**」（Nexus-word）と呼ぶことにします。

2　和文英訳で利用する

　日本語を英語に直すときにも、ネクサス語をうまく利用すると、より簡潔な英文を書くことができます。**ネクサス語の機能で最も重要なものは構文を簡潔にすること**です。たとえば、上の「彼がパーティに突然やって来たので私たちは驚いた」という日本語を

英訳する場合、*The fact that he suddenly arrived at the party* surprised us. とするよりも、*His sudden arrival* at the party surprised us. とネクサスを用いる方がより簡潔であることがわかるでしょう。

では次の日本語をネクサス語を用いて英語に直してみましょう。

(1) 父が亡くなったので彼は仕方なく学校を中退した。
   a. **His father's *death*** forced him to drop out of school.
   b. He was forced to drop out of school by **his father's *death***.
   c. **His *dropping* out of school** was because of ［due to／owing to］**his father's *death***.
   d. Because［Since／As］his father died, he had to drop out of school.
(2) 彼女が参戦したために競技は俄然白熱した。
   a. **With her *participation* in the competition**, it suddenly became heated.
   b. (**With**)**Her *participating* in the competition**, it abruptly became white-hot.
   c. Because［Since／As］she participated in the competition, it suddenly became very thrilling.

(1)(2)の太字体がネクサスで、その中の斜字体がネクサス語です。(1c)では2つのネクサス語が使われています。(1c)(2b)の**動名詞(-ing)も一種のネクサス語**と考えることができます。(2b)ではWithがなければ分詞構文になります。参考までにネクサスを用いない文も(1d)(2c)にあげておきました。論文やスピーチなどにおけるような改まった文体や文脈によってはネクサスを用いるほうがよい場合があります。ネクサスは間延びした表現を締

まった表現にする働きがあります。そうした場合に備える意味でもネクサスを用いた英文も書けるようにしておきたいものです。

3　文法構造がよくわかる

先にあげた 2-2 の例 (I) (II) でもわかるように、ネクサスはいろいろな文法構造の中で現れています。したがって、**ネクサスを理解すると文法もよく理解することができます**。次の例文を見てください。これは学校文法では定番とも言えるものですね。

She sat in the sofa **with her eyes closed**.
「彼女は目を閉じてソファに座っていた」

2-2 (II) c, d の類例ですが、太字体の部分がネクサスです。入試などで、her eyes の後に close/closing/to close/closed という選択肢が与えられて、その中から最も適切なものを選びなさいといった設問があったことを思い出した人もいるかもしれません。

ネクサス語は用いられていませんが、her eyes closed には " her eyes were closed "という〈主語＋述語〉つまりネクサスが含まれています。なぜ were closed と受身形になっているかというと、人間の目はふつうその持ち主が開いたり閉じたりするものだからです。「彼女の目は彼女によって閉じられていた」のです。

ちなみに、with は基本的には「〜を持って」という意味を表す前置詞です。ここでは「" her eyes were closed "という状況を持っていた」ということです。この with の用法を「付帯状況を表す with」などと教わったことも思い出されたでしょう。

こうしてみると、**ネクサスは文法構造を理解する上でとても役に立つ**ことがわかります。次の 2-4 でネクサスについてさらに詳しく見ていくことにします。

2-4 ネクサスの種類と構造

　先に述べましたが (☞ 2-2)、ネクサスにはいろいろな種類・形状があります。いちばん一般的なものは、ネクサス語を用いる**〈所有格＋名詞〉あるいは〈名詞＋ of ＋名詞〉のタイプ**です。そのほかにも**〈SVOC〉(第5文型) における OC、分詞構文、to 不定詞や動名詞とその主語に現れるネクサス**などがあります。

1　所有格＋名詞 / 名詞＋ of ＋名詞

　では最も一般的な〈所有格＋名詞〉と〈名詞 (A) ＋ of ＋名詞 (B)〉のタイプを詳しく見ていくことにしましょう。後者は形式的には〈所有格＋名詞〉の所有格が〈of ＋名詞〉となり、ネクサス語である名詞 (A) の後ろにまわったものです (☞ 次頁の例 b)。

　ネクサス語は**元の語**(〈主語＋述語〉に直したときの述語に当たる語) が、(I) **自動詞**、(II) **他動詞**、(III) **形容詞**の場合があります。そして、ネクサスは〈主語＋述語〉が組み込まれたものですから、**必ず意味上の主語を持ちます。(I) 元の語が自動詞の場合は意味上の主語、(II) 他動詞の場合には意味上の主語と目的語を持ちます。(III) 元の語が形容詞の場合も意味上の主語を持ちます。**これからは「意味上の」は省略し、単に主語、目的語と呼ぶことにします。まず、いくつか簡単な例をあげておきます。(斜字体が元の語の主語や目的語にあたります。太字体がそのネクサス語です)

(I) 自動詞：
　a. *Kate's* quick **recovery**
　　⇨ **Kate** *recovered* quickly.「ケイトは早く回復した」

040

b. The development *of her small store* into a large business
   ⇨ ***Her small store*** **developed** into a large business.
   「彼女の小さな店は大きな会社に発展した」
(II) 他動詞：
   c. ***Tom's*** deep **love** *of his wife*   〔of his wife が目的語〕
   ⇨ ***Tom*** **loves** *his wife* deeply.「トムは妻を深く愛している」
(III) 形容詞：
   d. ***Yoko's*** **absence** from school
   ⇨ ***Yoko*** **was absent** from school.「ヨーコは学校を休んだ」

では、〈所有格＋名詞〉と〈名詞＋ of ＋名詞〉における主語・目的語の表し方はどうなっているか、詳しく見ていくことにしましょう。

(I) 元の語が自動詞の場合
主語は〈名詞の所有格〉または〈of ＋名詞〉で表します。

(1) They were glad at ***their son's*** **success**.
   　　　　　　　　　　　└─▶ *their son* succeeded
   「彼らは息子が成功したことを喜んだ」
(2) **The disappearance** *of the forest* was shocking to us.
   　　　└─▶ *the forest* (had) disappeared
   「森が消滅していたことは私たちにとって衝撃だった」

(1) では名詞の所有格が、(2) では〈of ＋名詞〉が主語を表しています。下線部のネクサス部分には、それぞれ→で示された〈主語＋述語〉の意味が含まれています。

(II) 元の語が他動詞の場合

主語が所有格や of で表されるのは、元の語が自動詞の場合と同じですが、of 以外の前置詞によって表されることがあります。また、主語が表されないこともあります。主語と同じように、目的語もふつう of を用いて表しますが、of 以外の前置詞を用いて表すこともあります。したがって、このタイプでは〈of ＋名詞〉が主語も目的語も表すので見極めが必要になります。

(1) ***Hubble's* discovery *of the theory*** was epoch-making.
　　　↳ ***Hubble*** discovered ***the theory***
(2) **The discovery *of the theory by Hubble*** was epoch-making.　↳ ***the theory*** was discovered ***by Hubble***
　「ハッブルがその理論を発見したのは [ハッブルのその理論の発見は] 画期的だった」
(3) **Loss *of health*** is more serious than **loss *of wealth***.
　　　↳ ***we* lose *health***　　　　　　↳ ***we* lose *wealth***
　「健康を失うことは財産を失うことより重大である」

(1) では Hubble's が主語を表していますが、(2) では主語が by によって示され、目的語が of によって示されています。(3) では主語は「一般の人々」と考えられ、その場合には、表さなくてもよいのです。→で示された文の主語 we は「一般の人々」を表すものです。

(4) He requested ***Mary's* attendance *at the meeting***.
　　　　　　　↳ ***Mary* should attend *the meeting***
　「彼はメアリーが会議に出席するように要求した」
(5) That was ***Caroline's*** second **visit *to Japan***.
　　　　　　　↳ ***Caroline* visited *Japan*** for the second time

「キャロラインが日本に来たのはそれが2度目だった」
(6) The mayor announced *his* intention *to retire* from office.
　　　　　　　　 he would [intended to] *retire* from office ←
「市長は辞職すると発表した」

　(4) の attend は他動詞と自動詞の用法があります。自動詞で用いる場合には attend at としますので、ネクサス語の目的語としても of ではなくて at を用います。(5) では pay a visit to 〜という表現にもあるように、ネクサス語 visit の目的語を同じく to を用いて表します。次の (6) では目的語が to 不定詞で表されています。これは元の動詞の目的語がそのまま残ったものです。

(III) 元の語が形容詞の場合
　この場合は、ネクサス語を〈be 動詞＋元の形容詞〉の形に戻して考えます。主語は動詞の場合と同じように、所有格か前置詞のof で表されます。

(1) I can assure you of ***Angela's*** honesty.
　　　　　　　　　　 → *Angela* is honest
「アンジェラが正直であることは請け合います」
(2) Don't you understand **the importance *of this issue***?
　　　　　　　　　　　　　　　→ *this issue* is important
「あなたはこの問題が重要なのがわからないのか」
(3) I couldn't believe ***Tom's*** ignorance *of her* presence.
　　　　　　　　　　　　 → *Tom* was ignorant *of her* presence
　　　　　　　　　　　　　　　she was present ←
「彼女が (そこに) いることをトムが知らなかったとは、私は信じられなかった」

（1）と（2）は元の語が動詞の場合と同じように所有格および前置詞の of で表されます。（3）では2つのネクサス語があります。最初の of は元の形容詞が be ignorant of 〜という用法を持つことで、ネクサス語になっても続いているのです。

(4) In ***his* eagerness *to please us***, Robinson gave us two village young men as guides. ⟶ ***he* was eager *to please us***

「私たちを喜ばせたい一心で、ロビンソンは道案内人として村の2人の若者を貸してくれた」

(5) **Carelessness *in mountaineering*** sometimes leads to accidents or death. ⟶ ***we* are careless *in mountaineering***

「登山において不注意であると、ときには事故を起こしたり死んだりすることがある」

（4）は (II) の（6）と同じように、元の語の用法である be eager to 〜の to 不定詞が残ったものです。（5）ではネクサスの主語は示されていません。これも (II) の（3）と同じように、主語は「一般の人々」と考えられます。

2 〈SVOC〉のOC

〈SVOC〉（いわゆる第5文型）タイプの文はいろいろありますが、OC の部分が〈主語＋述語〉のネクサス関係になっています。

(I) C が形容詞、(II) C が名詞、(III) C が準動詞などの3つに分けて見ていきましょう。前項で見た例とは異なり、ここではネクサス語（抽象名詞）は使われていません。

(I) Cが形容詞
(1) I found ***the room*** empty.
　　　　　　└─→ ***the room*** was empty

「見ると部屋は空だった」

(2) In what way do you consider ***the book*** of importance?
　　　　　　　　　　　　　　　the book is of importance ←─┘

「あなたはどんな点でその本が重要だと考えるのですか」

　どちらもネクサス部分に〈SVC〉タイプの文、もっとはっきり言えば、**〈S + be 動詞 + C〉が組み込まれています**。be 動詞を補ってみるとよくわかるでしょう。(1) のような1語の純粋な形容詞 (empty) ではなく、(2) のように〈of + 抽象名詞〉(=形容詞) の形をとるものもあります。すなわち、of importance = important というわけです。(☞〈of + 抽象名詞〉については 4-5-2 を参照)

(II) Cが名詞
(1) The people called ***the dog*** Hachiko.
　　　　　　　　　　└─→ ***the dog*** was Hachiko

「人はその犬をハチ公と呼んだ」

(2) He thought ***himself*** an able attorney.
　　　　　　　└─→ ***he*** was an able attorney

「彼は自分が有能な弁護士だと思っていた」

　(II) も考え方は (I) と同じです。**ネクサス部分には〈S + be 動詞 + C〉が組み込まれている**と考えることができ、それは be 動詞を補ってみれば明らかです。(2) のように O に再帰代名詞 (himself) が来ることもあります。また C の名詞 (attorney) の前に形容詞 (able) が来ることもあります。

(Ⅲ) Cが準動詞など

Cになる準動詞には、**①不定詞（原形不定詞/to 不定詞）**、**②分詞（現在分詞/過去分詞）** があります。準動詞以外では、**③副詞/副詞句**があります。

① 不定詞
(1) They heard ***a lion*** **roar**.
　　　　　　　└→ ***a lion*** roared

　「彼らはライオンが吠えるのを聞いた」

(2) We believed ***David*** **to be innocent**.
　　　　　　　　└→ ***David*** was innocent

　「私たちはデイビットが無実だと信じていた」

それぞれの〈O ＋ C〉は、(1) が〈名詞＋原形不定詞〉、(2) が〈名詞＋ to 不定詞〉です。この to be は省略が可能です。（ただし、意味が等価でないことは 4-4 を参照のこと）

② 分詞
(1) We found ***a man*** **lying** face down on the beach.
　　　　　　└→ ***a man*** was lying

　「男が浜辺でうつぶせになっているのを見つけた」

(2) Keep ***your eyes*** **closed** for a while.
　　　　└→ ***your eyes*** are closed

　「しばらく目を閉じていなさい」

それぞれの〈O ＋ C〉は、(1) が〈名詞＋現在分詞〉、(2) が〈名詞＋過去分詞〉です。現在分詞は進行、過去分詞は受動の意味があることがbe動詞を補ってみるとよくわかります。「目を閉じて」なのに、なぜ your eyes *closing* とならないかについては、2-3-3

の解説ですでにおわかりですね。

③ 副詞／副詞句
(1) I found ***the game* over** when I reached the stadium.
　　　　　　└──▶ *the game* was over
　　「競技場に着いてみると試合は終わっていた」
(2) He thought ***things* out of control**.
　　　　　　　└──▶ *things* were out of control
　　「彼は事態が手に負えなくなったと思った」

(1) は副詞、(2) は副詞句が C になっている例です。これらの副詞(句)を形容詞とする考え方もあります。

3　分詞構文・動名詞・不定詞

　ご存じのように、分詞構文は副詞句として、時・原因・理由・付帯状況・条件などの意味を表し、文語(書き言葉)的な表現に多く見られます。分詞の意味上の主語が主文の主語と異なる分詞構文、すなわち**独立分詞構文においてもネクサス関係が現れています**。ただし、ネクサス語はここでも用いられてはいません。
　ここでは次の 7 つのパターンに分けて説明したいと思います。

(I)　現在分詞を用いた独立分詞構文
(II)　過去分詞を用いた独立分詞構文
(III) with ＋名詞＋形容詞・分詞など
(IV) 所有格・目的格＋動名詞
(V) the ＋動名詞＋ of / by ＋名詞
(VI) SVO ＋ to 不定詞
(VII) for / of ＋名詞＋ to 不定詞

(I) 現在分詞を用いた独立分詞構文

(1) They were going to sail that day, ***weather*** permitting.
　　　　　　　　　　　　　　　　　　　└→ if ***weather*** permitted

「天気がよかったら彼らはその日に出航することになっていた」

(2) ***There*** being ***no taxi***, I had to walk to the village.
　　└──→ As ***there*** was ***no taxi***

「タクシーがなかったので私は村まで歩かねばならなかった」

　（1）は条件を表す独立分詞構文です。weather に the を付けた表現も可能です。(2) は理由を表す There 構文の分詞構文です。There 構文の there は実際の主語ではありませんが、分詞 being の主語のような顔をして文頭に来ています。

(II) 過去分詞を用いた独立分詞構文

(1) The article will be sent to you for 30 dollars, ***postage*** included.　　　　if [when] ***postage*** is included ←┘

「商品は送料込30ドルでお送りします」

(2) ***All things*** considered, she is a good wife.
　　└──→ When ***all things*** are considered

「いろいろ考えてみると彼女はよい奥さんだ」

　（1）は最も分詞構文らしい文の典型で、付帯状況を表すと考えられます。if や when といった接続詞を用いて書き換えることもできます。(2) は慣用的な独立分詞構文です。

　過去分詞の分詞構文で注意すべき点は〈名詞＋過去分詞〉のネクサス関係において過去分詞が過去形と同形の場合に、それを「…は〜した」と過去時制の文に解釈してしまうことです。そうすると、1つの文に接続詞なしで2つの文があることになるわけで、原則的に英文として成立しなくなります。

(III) with＋名詞＋形容詞・分詞など

独立分詞構文に with が付くことがあります。この形は「付帯状況の with」と呼ばれることがあります（☞ 2-3-3）。

(1) The little boy was speaking ***with his mouth* full**.
　　　　　　　　　　　　　　　　　↳ *his mouth* was full

　「坊やは口にものをほおばったまましゃべっていた」

(2) I couldn't see the stage well, ***with a tall man* standing** in front of me.　　　*a tall man* was standing ↵

　「背の高い男性が前に立っていたので私は舞台がよく見えなかった」

(3) What a dull world it would be ***with her* away**.
　　　　　　　　　　　　　　　　　　↳ *she* was away

　「彼女がいなかったら、どんなにつまらない世界になるだろうか」

先述のように、with は基本的には「〜を持って」という意味を表す前置詞です。(1) 〜 (3) では、それぞれネクサス部分の下に書き換えた文の表す状況を持っている［いた］ということです。

(IV) 所有格・目的格＋動名詞

これは 2-4-2 で扱った〈所有格＋名詞〉に準じるものです。つまり、〈所有格＋名詞〉の名詞に代わって動名詞が来ています。

(1) ***Man's* first landing** on the moon was on July 20th, 1969.
　　↳ *man* first landed

　「人類が最初に月に着陸したのは1969年6月20日であった」

(2) He is always complaining of ***his room* being** too small.
　　　　　　　　　　　　　　　　　　↳ *his room* is

　「彼は部屋が狭すぎるといつも文句を言っている」

(3) Do you mind ***my*** [***me***] ***smoking*** here?
　　　　　　　　　└─▶ *I* smoke

「ここでタバコを吸ってもいいですか」

　動名詞の意味上の主語は名詞の所有格か目的格で表します。(1) では名詞の所有格で表されていますが、(2) では無生物を表す名詞ですから、所有格は使えません (*his ***room's***)。代名詞が主語になる場合には、所有格を使うほうが多いようです。

(V) the ＋動名詞＋ of/by ＋名詞
　この形も 2-4-2 で扱った〈名詞＋ of ＋名詞〉に準じるものです。1 番目の名詞に代わって動名詞が来ています。この例は少なく、〈of ＋名詞〉は目的語を表すのがふつうです。

(1) Cindy recovered from **the** cruel **teasing** *of*/*by* ***her classmates***.　　　***her classmates*** teased (***her***) cruelly ◀──┘

「シンディはクラスメイトのひどいいじめから立ち直った」

(2) She has a great interest in **the teaching** *of English* in Japan.　　　(***she***) teaches *English* ◀──┘

「彼女は日本で英語を教えることにとても興味がある」

　(1) では、of に代わって by が主語を表すことがあることを示しています。(2) では、主語は明記されていませんが、文の主語 (She) と同じです。of 〜は動名詞の目的語になっています。
　次の (3) を (2) の the teaching of English と比べてみてください。

(3) **Exchanging** *new year greeting cards* is an old tradition.
　　└─▶ *we* [*people*] exchange *new year greeting cards*

「年賀状をやりとりするのは古いしきたりである」

(3) は形式的には (IV) に属するものですが、主語は「一般の人々」なので明示されていません。

(1)(2) のように the を付けると、他動詞の動名詞はその後に直接目的語をとることができず、前置詞の助けをかりることになります。これは**動名詞が限りなく名詞に近づいたため**です。後の第 5 章で他品詞の名詞化について詳しく扱い、この問題を再度取り上げますが、ここでは**動名詞の名詞化**についてふれておきましょう。

学校文法の影響かもしれませんが、私たちは動名詞は動詞に -ing を付けたものなので、もともと動詞だったものが名詞として使われるようになったと考えがちです。しかし起源的には、動名詞は純然たる (動作) 名詞であって、これが動詞的性質を発達させたのは 14 世紀になってからです。過去数世紀の間に、次第に動詞的性質が強まってきたのです。動詞的性質は後の章にまかせるとして、**名詞的性質**を簡単に述べれば以下のようなものです。

① 文の**主語・目的語・補語**になり、**前置詞の目的語**になる。
   a. **Seeing** is **believing**.　〔主語と補語〕
      「百聞は一見に如かず」
   b. I couldn't help **laughing** at his joke.　〔目的語〕
      「彼のジョークに笑わずにはおられなかった」
   c. On **seeing** me, she shouted.　〔前置詞の目的語〕
      「私を見たとたん、彼女は叫び声をあげた」

② 冠詞や形容詞をとることができる。**定冠詞、this / that、所有代名詞が動名詞に先行する場合には、of を用いて名詞を続ける**。
   I think *the* **killing** *of* birds is uncivilized.
   「鳥を殺すことは野蛮だと思う」

③ 意味上の主語を名詞の所有格あるいは所有代名詞で表すことができる。
Tom's [**His**] **visiting** here was often seen by the people.
「トム［彼］がここを訪れたことはしばしば人々に目撃された」

④ 複数形、所有格をつくることができる。(但し例は少ない)
beginning(s), ending(s), building(s), saving(s)
He reads only for **reading's** sake.
「彼は読書のための読書をしている」

　p.050の例(1)〜(3)は、この動名詞の名詞的性質①②で説明されている通りです。例(1)と(2)における〈the ＋動名詞＋ of ＋名詞〉が現代英語における慣用であり、また、前置詞(from, in)の目的語にもなっています。例(3)では主語になっている動名詞句(Exchanging new year greeting cards)には動詞的な性質が垣間見られます。**他動詞の動名詞はこのように目的語を直接とることができます。**

　ところで、ネクサス構造で of が主語を表すか目的語を表すかについて興味深い話があります。Lincoln の Gettysburg Address(ゲティスバーグの演説)のかの有名な一節 " **government of the people, by the people, for the people** " の " of the people " の部分です。これまでにも英語の専門誌などではなばなしい議論がなされてきましたが、決着はつかなかったようです。

　of が主語を表すものと考えれば「人民が治める政治」という政治の主体を表すことになります。「人民の、人民による、人民のための政治」という訳はこの視点に立ったものです。一方、目的語を表すものと考えれば後ろの by the people が主語になって、of the people は目的語になり、「人民を、人民が、人民のために治める政治」となります。あなたはどちらの側に立ちますか？

(VI) SVO + to 不定詞

〈SVO + to 不定詞〉のタイプの文で〈O + to 不定詞〉がネクサス、つまり意味の上で〈主語＋述語〉の関係になっている場合があります。その場合、**〈O + to 不定詞〉全体を V の目的語と考える**ことができます。次の例で確認することにしましょう。

The girl didn't like ***the boy* to kiss her**.
　　　　　　　　　└─→ ***the boy* would kiss her**
「少女は少年が彼女にキスするのを嫌がった」

この文では少女が実際に少年を好きか嫌いかは関係ありません。キスされるのが嫌だったという意味ですから、the boy to kiss her 全体を didn't like の目的語とするのが当然です。こうしたタイプで用いられる動詞には、hate, like, love, want, wish などがあります。(☞この点については、5-3-1 でも再度扱います)

なお、2-4-2 の (III) ではふれませんでしたが、日本の文法書では〈SVO + to 不定詞・分詞〉タイプの文の to 不定詞・分詞を C として〈SVOC〉のタイプに入れることが一般的なようですが、英米などの文法書では to 不定詞・分詞をその前の目的語とあわせて１つの目的語として扱う、つまりこの (VI) と大体似たような扱いをするのがふつうです。"O is C" の関係になるような文（たとえば、p.036 We believed David to be innocent.) でしたら、to be innocent を C ととらえる (David is innocent) のは問題ありませんが、I heard a lion roar. の場合には、roar を C とするのは、実はかなり無理があるような気がします。この問題については、『準動詞の底力』で詳しく検討していくことにして、ここではこれ以上踏み込まないことにします。

(Ⅶ) for / of ＋名詞＋ to 不定詞

to 不定詞の意味上の主語の表し方には、用法によっていくつかあります。表された意味上の主語と to 不定詞は〈主語＋述語〉のネクサス関係があります。

① 名詞用法
(1) In those days it was the rule ***for men and women*** to sit apart.　　　***men and women*** should sit apart ←
　「その当時は男と女が別々に座ることが決まりだった」
(2) It is unwise ***of Bob*** to live alone in the forest.
　　　　　　　└→ ***Bob*** lives
　「ボブが森の中で一人で暮らすのは賢いとはいえない」

(1)(2) はともに形式主語［予備の主語］の It で始まる構文です。文全体の主語は for … / of …以下の to 不定詞句ですが、その to 不定詞句の中に意味の上で〈主語＋述語〉が含まれています。(1) では to 不定詞の主語は for 〜で、(2) は of 〜で明示されています。

上の2文における to 不定詞句は名詞用法ですが、次に形容詞用法、副詞用法における例を見てみましょう。

② 形容詞用法、副詞用法
これらは、〈for ＋名詞＋ to 不定詞〉が前の名詞を修飾したり（形容詞）、「〜するために」を表したり（副詞）する用法です。

(1) It is time ***for little children*** to go to bed.
　　　　　　└→ ***little children*** should go
　「小さな子どもたちはもう寝る時間ですよ」
(2) What needs to be done ***in order for him*** to be a good father?　　　　　　　　　　└→ he will / can be

「彼がよい父親になるために何をする必要があるだろうか」

（1）は for ...以下の to 不定詞句が前の名詞 time を修飾している（「～が...すべき時」）形容詞用法です。to 不定詞の意味上の主語は for ～で明示されています。（2）の in order to ～は「～するために」と目的を表す副詞用法の to 不定詞です。ここでも意味上の主語は for ～で表されています。

③ 自動詞・形容詞に付く for ～

自動詞や形容詞の後で〈for ＋名詞＋ to 不定詞〉の形をとるものがあります。

(1) We waited ***for the mayor* to appear** on the platform.
　　　　　　　　↳ ***the mayor* would appear**
　「私たちは市長が演壇に現れるのを待った」
(2) Jane was eager ***for Ted* to introduce** her to his parents.
　　　　　　　　　↳ ***Ted* would introduce**
　「ジェーンはテッドが彼女を両親に紹介してくれるのを待ち望んだ」

これらは①②と一見同じタイプに見えますが、（1）では、wait 自体は自動詞で目的語をとらず、wait for で「～を待つ」ですから、動詞そのものに for が付いて、〈名詞＋ to 不定詞〉がその目的語になっていると考えられます。wait for を（VI）の The girl didn't like the boy to kiss her. の didn't like と置き換えてみればわかりやすいでしょう。

（2）でも、形容詞自体は目的語をとることがなく、be eager for で「～を熱望する」ですから、やはり形容詞そのものに for が付いて、その後に〈名詞＋ to 不定詞〉が続いていると考えられます。

「第2章　ネクサスが見えれば英語が見える」の底力

　ネクサスの概念が想像していたよりも広範囲にわたっていることがおわかりいただけたと思います。〈所有格＋名詞〉、〈SVOC〉のOC、独立分詞構文に現れるネクサス関係などにおいて、ネクサス語（〈主語＋述語〉の述語に相当する抽象名詞・動名詞）はその周辺の語句を含めて、実質的には1つの文に相当することが認識できれば英語力は飛躍的に向上するでしょう。

　ネクサスの概念において、抽象名詞が多彩な働きをすることも次第に見えてきました。The analysis of the food showed the presence of poison. を「その食べ物の分析が、毒の出席を示した」などという迷訳を創り出すような人は、もはやいないと信じています。

第3章

無生物主語構文に秘められた因果関係

本章では「無生物主語構文」について見ていきます。これは英語の特徴の1つです。この構文の中には英語と日本語の考え方、モノのとらえ方の違いが鮮明に表れています。こうした違いを理解することは英語の学習において、とても役立ちます。

3-0 何が主語になれるか？

　どのような英語の名詞でも文の主語になることができるかというと、そうではありません。ある種の制約があるのです。1つは**「定性」**に関するもの、もう1つは**名詞の意味内容**に関するものです。定性については、実は第1章（☞ 1-3-2）ですでにふれました。そこでは、不定冠詞（a/an, some）の付いた名詞句を不定名詞句、定冠詞（the）の付いた名詞句を定名詞と呼ぶと述べています。**不定名詞句か定名詞かということを「定性」と言います。**そのときは定性という用語は使いませんでしたが、定性の程度によって主語になれるかなれないかということを見てきました。

　この章では、**名詞の意味内容に関しての制約**を見ていきます。たとえば、「人を表す名詞と物を表す名詞が同一の文に現れているときには人を主語にする」など、主語になりやすい名詞、なりにくい名詞という現象が見られます。言語学者によってすでに指摘されていますが、文中に動作主を表す名詞句があれば、それがまず主語になり、動作主を表す名詞句がなければ道具を表す名詞句が、道具を表す名詞句がなければ、被動作主を表す名詞句が主語になるのがふつうであるという、一種の**主語になりやすさの階層性**（☞ 3-3）があります。これは基本的には他の言語、たとえば日本語にも当てはまるのですが、**日本語と比べて、英語は無生物が主語になる度合いが圧倒的に多いのです。**この章ではなぜそうなのかということを考えてみることにします。そうすることで、**英語と日本語のモノの考え方、事象のとらえ方の違いがわかります。**それはひいては英語力の向上につながるのです。

3-1 日本語 vs. 英語

　英語と日本語を比較したときに、**英語はある行為者が出来事を引き起こすというとらえ方を好む言語**であるのに対して、**日本語は出来事そのものに注意を払う言語**であると、従来から言われています。また、前者のような言語を「する」的な言語、後者のような言語を「なる」的な言語と呼んでいる言語学者もいます。例をあげてみましょう。

(1) The vase **went** to pieces.
　a. ＊花瓶は粉々に行った。
　b. 花瓶は粉々になった。
(2) John **went** red with anger.
　a. ＊ジョンは怒りで真っ赤に行った。
　b. ジョンは怒りで真っ赤になった。
(3) John **came** to life.
　a. ＊ジョンは正気に来た。
　b. ジョンは正気づいた。
(4) John's dream **came** true.
　a. ＊ジョンの夢は真実にやって来た。
　b. ジョンの夢は真実になった［実現した］。

　英語では、goやcomeなどの基本的な運動の動詞が、本来の「場所の変化」を指す場合から「状態の変化」を表すのによく転用されます。上の例では、日本語では「行く」「来る」を使ってa.のように直訳することはできません。b.のように「〜になる」という訳にすれば容認される日本語になります。

このような日英語の違いを踏まえていきますと、英語にはいわゆる「**無生物主語構文**」というものがあることに気がつきます。しかしながら、この用語は日本の文法書では見かけることがよくありますが、英米の文法書ではほとんど見かけることがありません。つまり、**私たち日本人が英語の中で無生物主語構文と呼んでいる構文を、英語を母語とする人々はそのようには意識していない**のです。

The vase went to pieces.

3-2 日本語には無生物主語構文はない？

　では、英語を母語とする人々が意識することのない、いわゆる無生物主語構文の英語の事例と、それに対応する日本語の例を比較しながら見ていきましょう。

(1) a. **This medicine** will make you feel better.
　　b. *If you take this medicine*, you will feel better.
(2) a. **A few minutes' walk** brought us to this park.
　　b. *After a few minutes' walk*, we came to this park.
(3) a. **The bad weather** prevented them from leaving.
　　b. They couldn't leave *because of the bad weather*.
(4) a. **This song** reminds me of my childhood.
　　b. *When I hear this song*, I am reminded of my childhood.

　これらの例文は、無生物主語構文の例として日本の英文法書でよくあげられているものです。**無生物主語が、意味上では副詞句または副詞節の働きをしている**ことが、それぞれのa. および、それをパラフレーズしたb. を比べてみればわかります。これらの英文に対応する日本語は次のように書けるでしょう。

(1') a. ？この薬はあなたに気分をよく感じさせるでしょう。
　　 b. この薬を飲めば、あなたは気分がよくなるでしょう。
(2') a. ？数分の歩きが私たちをこの公園に連れてきた。
　　 b. 数分歩くと、私たちはこの公園に着いた。

(3') a. ？悪天候が彼らを出発することから妨げた。
　　 b. 悪天候のために、彼らは出発できなかった。
(4') a. ？この歌は私に子どものころを思い出させます。
　　 b. この歌を聞くと、私は子どものころを思い出します。

　(1)〜(4)の英文はa., b. とも英語を母語とする人々にとっては自然な文です。もっとも、口語ではb. が好まれ、a. はやや堅苦しいと感じられるようで、主として文語で用いられます。
　一方、(1')〜(4')ではa. を私たちは不自然と感じるでしょう。「意味はわかるけれども、ふつうそんなふうには言わないね」というわけです。b. が自然な日本語であると私たちは受け取っています。つまり、a. の容認度――私たちが自然な文と容認する度合――はb. に比べて非常に低いのです。
　では、日本語には無生物を主語にした文はないのでしょうか。いいえ、そういうことはありません。

(5) 太陽は水平線の彼方に沈んだ。
(6) 冬が駆け足でやって来た。
(7) 心臓の鼓動が速くなった。

　すでに気づかれたと思いますが、無生物が主語であっても、動詞が自動詞であれば、まったく自然な日本語に聞こえます。同じ無生物を主語にした次のような文を見てみましょう。

(8) ？太陽は庭の雪を溶かした。
(9) ？冬が村人を震え上がらせた。
(10) ？心臓の鼓動が彼女の不安を示していた。

　(8)〜(10)は(1'a)〜(4'a)と同じような不自然さが感じら

れます。これらは日本語本来の表現なら次のようになるでしょう。

(8')　庭の雪は日に溶けた。
(9')　村人たちは冬の到来に震え上がった。
(10')　心臓は早鐘のようになり、彼女の不安は募った。

　(8)～(10)では無生物の主語は他動詞(「～を...する」)を伴っています。日本語では〈無生物主語＋他動詞＋目的語〉は容認度が低いのです。(1a)～(4a)の英文も同じように〈無生物主語＋他動詞＋目的語(＋補語)〉(= SVO (C))の構造を持っていますが、容認度の上では(1b)～(4b)とまったく変わりません。**私たちが英文法で無生物主語構文と呼んでいるのは、実はこの構造を持った英文のことです。**

3-3 無生物主語構文を解剖する

　無生物主語構文を詳しく見ていくことにより、私たちと英語を母語にする人たちの間の、モノの考え方、事象のとらえ方の相違点をより明確に理解することができるでしょう。

1　主語・目的語へのなりやすさ

　主語は基本的には「**動作主**」あるいは「**行為者**」です。目的語はそうした動作・行為を受けるもの、すなわち「**対象**」です。角田太作という言語学者は、動作主へのなりやすさ、対象へのなりやすさの度合いを右図（p.065）のように分類しています。

　矢印の先のほうが「なりやすさ」が高いことを示しています。これによれば、名詞よりも代名詞のほうが、また代名詞の中では3人称よりも1人称のほうが動作主、対象になりやすいことがわかります。名詞の中では、親族を表す名詞（たとえば、Mother, Daddy など）や固有名詞のほうが無生物名詞よりも、さらに無生物名詞の中では抽象名詞よりも自然の力を表す名詞のほうが動作主、対象になりやすいことになります。これらの名詞句の動作主、対象へのなりやすさを、「**名詞句の階層性**」と呼ぶことにします。これは日本語でも英語でも同じことが言えます。

　この図について、角田は次のような例をあげて名詞句の階層性を説明しています。

(1) a. 女は熊を殺した。
　　b. ？熊は女に殺された。

《 名詞句の階層性 》

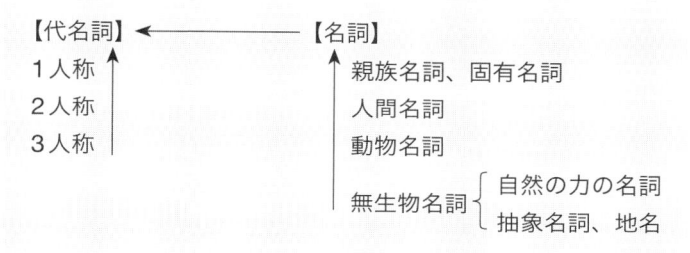

【代名詞】 ◀────── 【名詞】
1人称 ↑　　　　　↑ 親族名詞、固有名詞
2人称 │　　　　　│ 人間名詞
3人称 │　　　　　│ 動物名詞
　　　　　　　　　　無生物名詞 ┌ 自然の力の名詞
　　　　　　　　　　　　　　　 └ 抽象名詞、地名

(2) a. ? 熊は女を殺した。
　　b. 女は熊に殺された。

　動作主のほうが動作の対象よりも階層性が高い場合には能動文が好まれ、逆に動作の対象のほうが階層性が高い場合には受動文が好まれるとしています。「女」(人間名詞：女、男、大人、子どもなどの人間を指す名詞) と「熊」(動物名詞：熊、虎、蛇などの動物を指す名詞) では、「女」のほうが階層性が高いので、(1) では能動文のほうが自然ですが、(2) では逆に受動文のほうが自然に感じられます。要するに、**話者にとってより関心のあるもの、より話題になりやすいものである階層の高い名詞句のほうが主語として選ばれる**のです。

　次の例 (角田) でも (1)(2) と同じ理由で「大波」(無生物主語) は「私」(1人称) より階層が低いので、「大波」を主語とした日本語の無生物主語構文 (3a) は不自然であり、同じ状態を表すためには (3b) のように受動文を用いなければならないと説明できます。

(3) a. ? 大波は私をさらった。
　　b. 私は大波にさらわれた。

このようにして、**名詞句の階層性は日本語における無生物主語構文の不自然さを説明する上で有効です**。ですから、無生物が主語の位置に来ている場合でも、それよりも階層の上で低い名詞句がその動作の対象となっている場合には、それが自然な文であることが予想されます。次の例でその予想が正しいことが確かめられるでしょう。

(4) ハリケーンがフロリダを襲った。
(5) 雷が空き地の小屋を直撃した。

(4) では「ハリケーン」(自然の力の名詞)は「フロリダ」(地名)よりも階層が高く、(5) では「雷」(自然の力の名詞)が「小屋」(無生物名詞)よりも階層が高いため、自然な日本語になっています。同じ無生物でも自然の力はハリケーンにしろ雷にしろ「動き」があるという点では生物により近く、したがって他の無生物よりも階層性が高いと考えられるのです。日本語における無生物主語の場合でも、その動作の向かう対象が同じように無生物である場合には何ら不自然な文とは感じられないと言うことができるでしょう。

名詞句の階層性という、この考え方は、アメリカの言語学者マイケル・シルヴァースタイン(Michael Silverstein)によれば、世界の諸言語のさまざまな文法現象に適用できるそうです。すると、日本語では無生物主語の文が容認されるか否かは、先に見たように主語や対象の名詞句によって大きく左右されるのに比べて、どうして英語は、3-2 の (1a) 〜 (4a) で見たように、比較的自由に無生物主語構文が用いられるのでしょうか。

たとえば、受動文について言えば、英語の場合にも名詞句の階層性が有効に働いています。

(6) a. ? Then, Tom was hit by me.
    b. ? その時、トムが私になぐられた。

1人称代名詞のほうが固有名詞よりも階層が高いので、固有名詞が主語になっている (6) の文は、日本語と同じように英語でも不自然に聞こえます。そうすると、英語の無生物主語構文 (の多く) だけが、名詞句の階層性に違反した形で成立していることになります。**一般性の強いこの階層性の原理に違反してまでも、無生物主語構文を成立させている英語のメカニズム**とは何でしょうか。

2　使役動詞 → 無生物主語構文

言語学者の西村義樹は、**無生物主語構文の多くは使役動詞**であると主張しています。彼の説にそって少し英文を見ていくことにしましょう。

ここで使っている「使役動詞」という用語は、みなさんが考えているよりももう少し幅広いものです。学校文法では、make, have, let などの動詞を使役動詞としてあげています。

(1) His joke **made** us laugh.
    「彼のジョークを聞いて私たちは笑った」
(2) She is **having** a new dress made.
    「彼女は新しいドレスを作ってもらっている」
(3) The farmer **let** us pick some of the apples.
    「農夫は私たちがリンゴを摘むのを許してくれた」

これらの動詞は、ほかの動詞の原形不定詞 (laugh, pick) または過去分詞 (made) の前に置かれることによって、その動詞に使役

(〜させる) の意味を付与しています。上の (1) 〜 (3) は次のように書き換えることも可能です。

(1') His joke **caused** us **to** laugh.
(2') She is **getting** her new dress made.
(3') The farmer **allowed** us **to** pick some of the apples.

したがって、cause, get, allow も使役動詞の仲間に入れることができます。

さらに、「彼はよく働くだろう」(He will work hard.) のような自動詞の場合、「彼によく働かせよう」と言うときには I will **make him work** hard. のほかに、I will **work him** hard. ともすることができます。このような「〜する」の意味から生じた「〜させる」の意味を持つ他動詞も使役動詞と呼ぶことができます。

このような動詞の例は多いのです。たとえば、次の (4) は make, cause を用いて a, b. のように書き換えることができます。

(4) He **rolled** the ball. 「彼はボールをころがした」
   a. He *made* the ball **roll**.
   b. He *caused* the ball **to roll**.

本書では使役動詞を使った文を「**使役構文**」と呼ぶことにします。**無生物主語構文は使役構文のプロトタイプ**(原型、ひな形)**が拡張された事例として考えることができます。**次の (5) (6) は日英両語の使役構文のプロトタイプです。

(5) a. **Jiro** opened the door.
   b. 次郎はドアを開けた。

(6) a. **Jiro** killed the bear.
　　b. 次郎はその熊を殺した。
(7) a. **A gust of wind** opened the door.
　　b. ？一陣の風がドアを開けた。
(8) a. **Hard work** killed his uncle.
　　b. ？過労が彼のおじを殺した。

　英語において(7)(8)のような無生物主語構文が可能なのは、**主語である「使役行為者」が無生物にまで拡張されたから**なのです。つまり、**日本語と英語とでは「使役構文」ならびに「使役行為者」の範囲の拡張される方向や程度が異なっている**のです。

　では、英語において「使役行為者」の範疇(はんちゅう)が無生物へと拡張されるための認識（物事のとらえ方）の基盤とは何でしょうか。次の例を見てください。

(9) **Rough weather** has discouraged tourists from taking the boat to Alcatraz.
「悪天候のため、見学者たちはアルカトラズ島へ船で渡ることを断念した」
(10) **Cancer** kills tens of thousands of people every year.
「ガンで毎年非常に多くの人が死ぬ」
(11) **This book** gives you some idea of life in Ancient Greece.
「この本を読めば古代ギリシャの生活について少しわかるだろう」

　上の例文で無生物主語となっているものは、自然現象（＝9）、病気（＝10）、人間に理解などをもたらす力（＝11）です。これらの無生物主語はすべて「**自らの力で（人間など）他の存在に働きかけて影響を及ぼす主体と見なすことが容易である**」、すなわち、「『使役行為者』の原型と共通の基盤を持っている」と考えること

ができます。ここでは無生物を人間に見立てているのです。つまり**「使役行為者（人間）」→「無生物主語」への「擬人化」**がなされているのです。日本語においては英語ほどこのような「擬人化」の慣習が進んでいない、と西村は説明しています。

また、言語学者の池上嘉彦は「擬人法」――擬人化を用いた構文――について、その著書の中で次のように述べています。

「擬人法の成立する基本的な仕組自体は、ごく簡単なものである。つまり、ふつう〈人間〉（そしてとりわけ〈動作主〉として働いている人間）に対して適用される語が〈人間〉以外のものを表す表現に適用されるというのがその必要条件である。
――中略――
ところで、**英語においては日常的な言葉遣いのレベルにおいて〈動作主〉+〈行為〉という表現形式が十分に確立している。**しかも日常的なレベルでこの表現形式の〈動作主〉のところに〈抽象〉体を表す語を入れるということもかなり自由である。一方、**日本語では、〈動作主〉の概念をなるべく際立たせないようにするという傾向が根強い。まして、〈抽象〉体を〈動作主〉に擬するというところまではふつう行かない。**(What made her do so?という表現は、英語の話し手にとっては全く擬人的な意味合いを感じさせないものである。「何ガ彼女ヲソウサセタカ」という言い方は、日本語では、話し手が意図的にふざけているとしか受け取られないであろう。) 従って、**英語では、日常的な言葉遣いから擬人法という修辞的な表現手法に至るまでの距離はそう遠くない。**日常的なレベルの言葉で、擬人法的な言い方の成立する土壌が十分に存在しているわけである。それに対し、**日本語のほうはそのような素地がないから、日常的な言葉遣いと修辞的な擬人法との間の落差が余りにも大きいのだろう。**」

（太字は筆者）(『「する」と「なる」との言語学』大修館書店、pp.206-207)

上は日本語と英語の擬人法、ひいては無生物主語構文を受容する素地の違いについて、とても丁寧に説明してくれています。

また、池上は夏目漱石の「擬人法」に対する態度を、漱石の『文学論』から引用しています。これを『閑話休題』としておきましょう。

閑話休題

元来余は所謂(いわゆる)抽象的事物の擬人法に接する度毎に、其多くの場合が態(わざ)とらしく気取りたるに頗る不愉快を感じ、延(ひい)ては此(こ)の語法を総じて厭ふべきものと断定するに至れり。――中略――凡そ此種の擬人的投出法の価値は抽出的事物を具体化するにあるも、一方には折角具体的物体より抽出の方法を以て作り出されたる無形の質或いは観念を無理に再び捩戻(ねじもど)す傾なきにあらず。されば此点に於いて到底人工的なるの誹(そし)りを免れざるべし。これ恰(あたか)も多年の修養を都会に積みし、田舎の漢を再び昔の山出しに引き直し、暫く十年前の気分に帰れと強ふるが如し、不自然もまた甚しと言ふべし。若し田舎漢を要するとあらば、何故其儘の田舎漢を採用せざるや、何故に田舎臭を脱却せるものに強いて昔に帰れと求るや。香水に薔薇の花より造られしものあり、されども液と化せし香水には最早花の形のあるべき理なし。――中略――猿が冠を被りて大名に成済ます事の六づかしげに似たり。

(夏目漱石『文学論』第四編、第一章)

3 結果指向 vs. 行為指向

　前項で、英語の無生物主語構文は、擬人化の過程とかかわっていること、すなわち、「使役構文」→「無生物主語構文」の過程で擬人化がかかわっていることを見てきました。しかし、すべての無生物主語構文がそうだとは言い切れないようです。無生物主語構文は使役動詞を述語動詞として使っていることも前項でふれましたが、**使役動詞の中でも無生物を主語にできるのは make に限られる**ようなのです。実際、手元にある数冊の英和辞典、英英辞典を探しても、have, get, let を用いた無生物主語構文の例文は見当たりませんでした。

　では、have, get, let という使役動詞では無生物主語は不自然なのでしょうか？

　make, have, get, let という使役動詞の主語について、池上嘉彦は SEU (Survey of English Usage) というコーパスを用いて調査した結果、have, get, let の 3 つは無生物主語を取っている例は一例もなく、make のほうは 86 例中 60 例が無生物主語となっていたと述べています。また、人間が主語になっている場合でも、make の主語は一般に「～する」という動詞的な意図を持っているようにあまり感じられません。make のこうした傾向は、**使役行為そのものよりも、むしろその結果に焦点を当てている**からだと考えられます。

(1) John **made** Mary do it.
　　「ジョンはメアリーにそれをさせた」
(2) *John **made** Mary do it, but actually *she didn't do it*.
　　「ジョンはメアリーにそれをさせたが、実際は彼女はそれをしなかった」

〈S + make + O + do（原型不定詞）〉において、do は実際に行われた行為を表します。したがって、(2) の英文は非文なのです。しかし、日本語のほうはどちらも自然に感じられます。**make は使役行為そのものよりも、"do の表す結果"に焦点を当てる動詞**なのです。

　一方、get は make と対照的な使役動詞です。**get は、使役行為者が意図した状況を引き起こすさいに相手側からの抵抗を受けるなど、使役行為に何らかの困難さが伴う場合に用いられ、結果よりも"使役行為の過程そのもの"に焦点を当てている動詞**です。

(3) We couldn't **get** the car **to** start.
　　「私たちは車を発車させられなかった」
(4) Mary did her best to **get** him **to** give up smoking.
　　「メアリーは必死に彼にたばこをやめさせようとした」

　(3)(4) は使役行為に何らかの困難さが伴う場合に get が用いられる傾向があることを示す例文です。使役動詞 make と get の間に見られる「結果指向 vs. 行為指向」という対立は、無生物主語構文が結果指向と行為指向の文のどちらに現れるかを示しています。**構文が結果指向性をもつ場合に限り、つまり make やその他の使役を表す動詞を用いている場合に限り（＝使役構文に限り）、無生物主語構文が可能になるのです。**

We couldn't get the car to start.

4 結果指向の英語 vs. 行為指向の日本語

では、英語と日本語の場合を比べてみるとどうでしょうか。

(1) a. John **persuaded** Mary to come.
　　b. ジョンはメアリーに来るように説得した。
　　a'. *John **persuaded** Mary to come, *but she didn't come*.
　　b'. ジョンはメアリーに来るように説得したが、彼女は来なかった。
(2) a. John **burned** it.
　　b. ジョンはそれを燃やした。
　　a'. *John **burned** it, but *it didn't burn.*
　　b'. ジョンはそれを燃やしたが、それは燃えなかった。

　上の文は英語と日本語の動詞の対応に関してよくあげられる例です。(1a) の persuade と (1b) の「説得する」の間には意味の違いがあることはみなさんご存じのことと思います。(1a) ではジョンが説得した結果、メアリーは来たということが含意されます。ですから、(1a') のように、その後にメアリーは来なかったという表現を付け加えるのは矛盾していることになるのです。

　ところが (1b) の日本語ではそうではありません。説得が成功したか否かについては中立なのです。(1b') にある「〜したが」という部分で、よりその中立性がわかると思います。**英語の persuade のほうが日本語の「説得する」よりも「他動性」が高い**のです。(「おや、また聞き慣れない文法用語がでてきたぞ」と思われた人もきっといることでしょう。「申し訳ありませんが、その通りです」と謝っておきましょう。「はしがき」でふれたように、本書は従来の文法書ではあまり扱ったことがない項目を扱うというコンセプトで書かれていますので、聞き慣れない文法用語も少々出てくるのです)

「他動性」とは、「行為の主体（＝主語）がその行為によって行為の対象（＝目的語）にどの程度の影響を与えるかという、その度合い」のことです。もう少し平たく言えば、**「他動詞が目的語に働きかけるときの、働きかけの強さの度合い」**です。

　繰り返しになりますが、（1）における persuade も「説得する」も、ある人がある人に「意図」をもってある働きかけをする、つまり「行為」をしかけるのは同じなのですが、英語の persuade はその「意図」が「達成」されたことを含意するのに対して、日本語の「説得する」は「意図」の「達成」/「不達成」については中立だということです。言い換えると、**英語は結果を重視し、日本語は行為そのものを重視する言語**なのです。

　（2）についても同じことが言えます。John burned it と言えば、It burned（それは燃えてしまった）ということが含意されているのです。ですから（2a'）の文は非文ということになります。ここでも burn のほうが「燃やす」よりも「他動性」が高いのです。

　ここに私たち日本人が、日本語を英語に直すときに陥りやすいワナが潜んでいます。すなわち、（1b'）（2b'）の日本語を英語に直す場合に、（1a'）（2a'）のような英文をつくってしまい、それらの英文のどこが間違っているかが理解できないのです。（1a'）（2a'）は次のように書き直せば、自然な英文になります。

(1) a". John *tried to* **persuade** Mary to come, but she didn't come.
(2) b". John *tried to* **burned it**, but it didn't burn.

　もちろん、英語で意図的な「行為」を表すすべての動詞について日本語の動詞との間にこのような差があるわけではありません。池上は次の 4 つの場合に分類できるとしています。

① 英語の動詞も日本語の動詞も〈意図〉の〈達成〉を含意する場合。
② 英語の動詞も日本語の動詞も〈意図〉の〈達成〉を含意しない場合。
③ 英語の動詞は〈意図〉の〈達成〉を含意するが。日本語の動詞は必ずしもそうではない（つまり、その点に関しては中立である）場合。
④ 日本語の動詞は〈意図〉の〈達成〉を含意するが、英語の動詞は必ずしもそうではない（つまり、その点に関しては中立である）場合。

①と②の例をそれぞれ次にあげておきます。

(3) a. *He **killed** the bear, *but it didn't die*.
　　b. *彼は熊を殺したが、（それは）死ななかった。
(4) a. I **invited** him, *but he didn't come*.
　　b. 彼を招待したが、（彼は）来なかった。

　(3) では a, b のどちらもおかしく感じられるでしょう。kill も「殺す」も「意図」が「達成」されたことを含意する動詞です。
　(4) の場合、invite も「招待する」もどちらも「意図」の「達成」は含意される必要はありません。③は (1a)(2a) がよい例です。ところで、④ですが、こうした動詞の例は日本語の中には見つからないようです。
　こうしたことから、英語と日本語で意味の上で一応対応しているように見える動詞も、「他動性」の程度に微妙な違いがあることがわかります。その場合、英語のほうが日本語よりも「他動性」が高いという形で現れてきます。

3-3 無生物主語構文を解剖する

　これまで英語の無生物主語構文について、いろいろなアプローチから見てきました。ここに簡単にまとめておくことにします。

- 日本人が英語の中で無生物主語構文と呼んでいる構文を、英語を母語とする人はそのようには意識していない。
- 日本語の無生物主語構文は自動詞を用いる。英語の無生物主語構文は他動詞を用いた〈SVO(C)〉タイプである。
- 名詞句には主語や目的語へのなりやすさを示す階層性がある。
- 無生物主語構文では名詞句の階層性の原則が当てはまらない。
- 使役動詞（makeなど）が無生物主語構文をつくる。
- 使役行為者が無生物に拡張される擬人化がなされている。
- 使役動詞makeは意図性を欠く主語をとる。
- makeは行為よりも結果に焦点を当てる動詞である。
- 結果指向性をもつ構文だけが無生物主語構文になる。
- 英語は結果指向の言語、日本語は行為指向の言語である。
- 結果指向性の強い英語は無生物主語構文を自然であると容認する。

3-4 無生物主語構文の用法

　これまでは無生物主語構文の構造の「解剖」を通して、無生物主語構文とは何か、英語と日本語の無生物主語構文に関する違いとは何かを見てきました。これからは実際の無生物主語構文の用法を調べていくことにします。

1　無生物主語構文に用いられる名詞

　無生物主語構文の主語はだいたい次の4つに分類することができます。

(I)　時・天候などを表す名詞句
(II)　場所などを表す名詞句
(III)　物を表す名詞句
(IV)　動名詞、その他の抽象名詞句

　こうした分類にそって、実際の英文を見ていくことにします。上の4つの分類をそれぞれさらに細分化して分類することもできますが、あまり役立つとも思われませんので、ここではさらなる細分化は避けたいと思います。例文は参考のため、場合に応じて複数の日本語訳を付けておきました。

(I)　時・天候を表す名詞句
(1)　**The 18th century** saw many reforms.
　　「18世紀は多くの変革を見た［経験した］」
　　→「18世紀には多くの変革がなされた」

(2) What **my childhood** taught me was the importance of friendship.
「私の子供時代が私に教えてくれたものは友情の大切さであった」
→「私が子供時代に教わったものは友情の大切さであった」
(3) **The dense fog** stopped all the vehicles from running.
「濃い霧がすべての車両が走ることを妨げた」
→「濃霧のためにすべての車両は走れなかった」

 (2) は was の主語である What 節内が無生物主語構文になっています：What (O₂) my childhood (S) taught (V) me (O₁)
 (3) の〈S + stop [keep/prevent] + O + from 〜ing〉は無生物主語構文でよく見かけるタイプです。無生物主語構文の動詞、および名詞との関わりについては後の節でふれることにします。

(II) 場所などを表す名詞句
(1) **The Nile** brought many advantages to the Egyptians.
「ナイル川はエジプト人に多くの恩恵をもたらした」
→「エジプト人はナイル川から多くの恩恵を受けた」
(2) **The long and winding road** will lead me to your door.
「長い曲がりくねった道が私を君の戸口まで導いてくれるだろう」
→「長い曲がりくねった道をたどれば君の家まで着けるだろう」
→「君の家に着くまでには長い曲がりくねった道を歩かなくてはならない」
(3) **Today's Japan** can't sustain such an undertaking.
「今日の日本はそのような責務を引き受けられない」

 (2) は The Beatles の *The Long and Winding Road* からの一節を少し変えて借用しました。
 ここでは「場所」などを表す名詞句を取り上げていますが、実

は他の分類を表す名詞句でも、これらの文は成り立ちます。たとえば (1) の The Nile を Those ten centuries に置き換えてみます。

(1') **Those ten centuries** brought many advantages to the Egyptians.
「その1000年間はエジプト人に多くの恩恵をもたらした」
→「その1000年間にエジプト人は多くの恩恵を得た」

(III) 物を表す名詞句
(1) **This book** will teach you the basic conversation of Japanese.
「この本はあなたに日本語会話の基礎を教えるだろう」
→「この本を読めば日本語会話の基礎が学べます」
(2) **The jet plane** has enabled us to travel very fast.
「ジェット機は私たちがとても速く旅行することを可能にしてくれた」
→「ジェット機のおかげで私たちはとても速く旅行することができるようになった」
(3) **A piece of madeleine dipped in his tea** led him to the memory of Combray, where he had spent vacations with his mother in his childhood.
「紅茶の中に浸した一切れのマドレーヌは、彼を幼年時代のバカンスを母と過ごしたコンブレーの思い出に連れて行った」
→「紅茶の中に一切れのマドレーヌを浸したとき、彼は幼年時代のバカンスを母と過ごしたコンブレーのことを思い出した」

(2) の enable は「〜のおかげで...できるようになる」といった表現でよく用いられる動詞です (☞ 3-4-3 (II))。(3) はフランスの作家マルセル・プルースト (Marcel Proust) の『失われた時を求

めて』(À la recherche du temps perdu) の中の有名な "the episode of madeleine" のことです。この小説は日本語訳では 400 字詰め原稿用紙一万枚にも及ぶ長編小説です。興味のある方はぜひご一読ください。ちなみに、日本では中里介山の 41 巻にのぼる『大菩薩峠』という未完の大長編時代小説があります。

(IV) 動名詞、その他の抽象名詞句
(1) **Mary's smiling** at John gracefully made him very happy.
「メアリーが優雅に微笑みかけたのでジョンはとても幸せな気持ちになった」
(2) **Her presence** at the party delighted us.
「パーティへの彼女の出席は私たちを喜ばせた」
→「彼女がパーティに出席したので私たちは喜んだ」
(3) **The mere thought of the accident** frightened her.
「その事故についてちょっと考えることが彼女をおびえさせた」
→「その事故のことを考えただけでも彼女はおびえた」

もちろん、無生物を主語にする場合には、コンテクスト(背景的な文脈)を考慮しないと意味をなさない場合が多いのです。

次の (1) と (2) を比べてみてください。(1) はまったく問題なく成立する文ですが、(2) は、たとえば、「ある料理をつくるのにどうしても上手くつくれずにいたコックが、いろいろなバターを使ってつくってみた結果、思っていた料理に仕上がった」といったコンテクスト以外では意味をなさないでしょう。

(1) **Mary** told me the secret.
「メアリーは私に秘密を教えてくれた」
(2) ? ***That butter*** told me the secret.
?「そのバターは私に秘密を教えてくれた」

2 無生物主語構文に隠れている2つのネクサス

ところで、無生物主語構文を日本語に訳す場合には、次のような手順で訳すと自然な日本語になります。

① 無生物主語が原因・手段を表すように訳す。
② 人を表す目的語を主語にして、文全体が因果関係を示すように訳す。

 Fatigue drove him to bed.
 <u>疲れが</u> <u>彼を</u> ベッドに追いやった。
  ① ②
➡ <u>疲れていたので、</u><u>彼は</u> 急いで床に就いた。
  ①   ②

では、どうしてこうした手順で日本語に訳すほうが自然なのでしょうか。実は、**その答えは無生物主語そのものに隠されている**のです。いくつかの文で考えていくことにします。

(1) **This train** will take you to Kyoto.
 「この列車に乗れば京都に着きます」
(2) **The new device** enabled John to move the machine.
 「その新しい装置のおかげでジョンは機械を動かすことができた」
(3) **The heavy snow** prevented the bus from arriving on time.
 「大雪のせいでバスは時間通りには着けなかった」

(1)～(3)の無生物主語「この電車」、「その新しい装置」、「雪」は完全に他から独立したものではありません。(1)の「この電車」

はあなたが乗る《モノ》ですし、(2) の「その新しい装置」はジョンが使った《モノ》と考えられます。また (3) の「雪」は(人が乗っている)バスが走っているときに降った《モノ》です。

無生物主語構文の主語と目的語との間には何らかの関係があることがわかります。

この関係をもう少し詳しく調べていきましょう。これらの無生物主語構文の主語と目的語の関係は、

(1) では「あなたがこの電車に乗る《コト》」という関係
(2) では「ジョンがその新しい装置を使った《コト》」という関係
(3) では「バスが雪の降っている中を走った《コト》」という関係

を表しています。つまり、(形ではなく意味上の)**〈主語+述語〉の関係、すなわちネクサスが生じている**のです。

ところで、日本語では「モノ」と「コト」はどのように区別しているのでしょうか。ある辞典では次のように定義しています。

▶ コトが時間の経過とともに進行する行為をいうのが原義であるのに対して、モノは推移変動の観念を含まない。むしろ変動のない対象の意から転じて、既定の事実、避けがたいさだめ、不変の慣習・法則の意を表す。

(『古語辞典』補訂版、岩波書店)

これに対して**英語では「モノ」と「コト」を 1 語の thing で表しています**。次の定義を読んでみましょう。

▶ You can use **thing** to refer to any object, feature, or event when you cannot, need not, or do not want to refer it more precisely.　　　　　　　　　　　　　　　　(*COBUILD*)

> 「thingは、どのようなobject（モノ）、feature（特性）、あるいはevent（コト）にであれ、それをより正確に言及することができなかったり、そうする必要がなかったり、そうすることを欲しなかったりするときに、それに言及するのに用いることができる」

　日本語では「モノ」と「コト」を区別して別々の語で表していますが、この2つの概念を英語ではthingの1語で表しています。このような日英語の認識の違いのため、無生物主語構文を日本語に訳す場合には、その主語（thing）を「モノ」と「コト」に解析して訳さなくては不自然な訳と感じられるのでしょう。前項の「①無生物主語が原因・手段を表すように訳す。②人を表す目的語を主語にする」という手順が必要なのはそのためです。

　さらに詳しく見ていきましょう。

　先の例文において、(1)では「あなたがこの電車に乗る《コト》」という《**ネクサス ①**》が生じ、その手段の結果「あなたが京都に着く」という《**ネクサス ②**》が生じると分析することができます。

　同じく(2)では「ジョンはその新しい装置を使った《コト》」という《**ネクサス ①**》が生じ、その手段の結果「ジョンは機械を動かすことができた」という《**ネクサス ②**》が生じたとみなすことができます。

　(3)では「バスは雪の降っている中を走った《コト》」という《**ネクサス ①**》が生じ、その原因の結果「バスは時間通りに着かなかった」という《**ネクサス ②**》が生じたと考えることができます。

　主語の名詞句と目的語の名詞句で表される《ネクサス ①》が原因・手段となり、目的語の名詞句がある状態に至るか、ある行為を行うという《ネクサス ②》が生じるということです。

　これを次のようにパラフレーズすることができます。

(1) **This train** will take *you* to Kyoto.
　　　↳ ネクサス❶　　　　　　　↳ ネクサス❷
　　　(If *you* take this train)　(*you* will get to Kyoto)

(2) **The new device** enabled *John* to move the machine.
　　　↳ ネクサス❶
　　　(Because *John* used the new device)　ネクサス❷
　　　(*he* (= *John*) was able to move the machine)

(3) **The heavy snow** prevented *the bus* from arriving on time.
　　　↳ ネクサス❶
　　　(As *the bus* ran in the heavy snow)　ネクサス❷
　　　(*it* (= *the bus*) couldn't arrive on time)

ここでわかるのは、文の目的語の名詞句が《ネクサス ①》と《ネクサス ②》のどちらにも関係している、すなわち、それぞれのネクサスの主語になっていることです。無生物主語構文の目的語は（自然な）日本語に訳す場合の主語になるのです。

要するに、**英語の無生物主語構文は、**

　　主語の名詞句と目的語の名詞句で表される《ネクサス ①》が《原因・手段》となり
　　　　　　　⇩
　　目的語の名詞句がある状態に至るかある行為を行うという《ネクサス ②》が《生じる》

という構造になっているのです。
　英語の無生物主語構文は１つの文の中に２つの出来事（event）が圧縮されている構文だということです。英語を母語とする人は、無生物主語構文を１枚の絵のように「外部」から眺めているようなものです。日本語では《ネクサス ②》を引き起こす原因や手段

第3章　無生物主語構文に秘められた因果関係

となる《ネクサス ①》を状況としてとらえています。そして、**その状況は原因・手段を表すように表現される**のです。日本語を母語とする人にとっては、無生物主語構文は《ネクサス ①》から《ネクサス ②》に流れるドラマのように感じられるかもしれません。

3　無生物主語構文で用いられる動詞

最後に無生物主語構文によく使われる動詞について見ていきましょう。無生物主語構文に慣れるためには、どのような動詞が使われるかを知っておく必要があります。

(I) 「〜させる」タイプ
① make「(物・事が人に) 〜させる」:
　無生物主語構文に伴う動詞のチャンピオン。
　(1) What **made** him change his mind?
　　　「どうして彼は気が変わったのだろうか」
　(2) His gray hair **makes** him look older than his age.
　　　「白髪のせいで彼は歳よりも老けて見える」

② cause「〜させる/〜する原因となる」:
　makeほど多くは使われない。
　(1) The fever **caused** her body **to** ache.
　　　「熱で彼女は体が痛かった」
　(2) His absence **caused** me a lot of trouble.
　　　「彼が欠席したので私は大迷惑だった」

③ compel, force, oblige「無理に/やむなく〜させる」:
　強要の意味がある。

(1) His failure in business **compelled** him **to** sell his mansion.
「事業に失敗したため彼は豪邸を手放すはめになった」
(2) A sudden illness **forced** her **to** cancel her appointment.
「急病で彼女は約束を取り消さなくてはならなかった」
(3) His laziness **obliged** us **to** fire him.
「彼が怠けたため私たちは彼をクビにせねばならなかった」

(II)「〜するのを許す/可能にする」タイプ
① allow, permit「〜するのを許す」:
日本語でもよく似た表現があるが、翻訳調がそのまま容認されたものと考えられる。
(1) Her pride did not **allow** her **to** accept any reward.
「プライドが高くて彼女はいかなる報酬も受け取らなかった」
「いかなる報酬を受け取ることも彼女のプライドが許さなかった」
(2) Circumstances do not **permit** me **to** delay the trip.
「諸事情のため旅行を延期することはできません」

② enable「〜することを可能にする」:
〈make it possible for 〜 to ...〉で言い換えられる。
The Internet **has enabled** us **to** communicate with people all over the world.
「インターネットのおかげで私たちは世界中の人々と連絡することができるようになった」
≒ The Internet **has made it possible for** us **to** communicate with people all over the world.

(Ⅲ)「連れて行く/連れて来る、持って来る」タイプ

① **take**「連れて行く」、**bring**「連れて来る」：
「行く」と「来る」の方向を混同しないこと。
  (1) This bus **will take** you **to** the art museum.
      「このバスに乗れば美術館に行けます」
  (2) A ten minutes' walk **brought** me **to** this restaurant.
      「歩いて10分で私はこのレストランに着いた」

② **lead, get**「(～に) 導く」：
take, bring と言い換えることができる場合が多い。
  (1) This train **will get** [**take**] you **to** the airport.
      「この電車に乗れば空港に行けます」
  (2) What **led** [**brought**] you **to** this conclusion?
      「あなたはどうしてこうした結論に達したのですか」

(Ⅳ)「与える、示す、教える」タイプ

① **give**「与える」：
この基本的な意味を元にして、幅広く使うことができる。
  (1) A little walk **will give** you a good appetite for breakfast.
      「少し散歩すれば朝食の食欲が出るでしょう」
  (2) His manner **gave** me the impression that he was sincere.
      「彼の態度を見て彼が真剣であるという印象を受けた」

② **show**「示す」、**suggest**「示唆する」、**tell**「知らせる」：
「(人が) ～を見れば/聞けば…だとわかる」というときによく用いる。
  (1) Her speech **showed** [**told**] us that she understood the subject well.

「彼女のスピーチを聞いて、彼女が問題をよく理解していることがわかった」
(2) The child's yawn **suggested** [**told**] that he was sleepy.
「その子があくびをしたのを見て、眠いことがわかった」

(V)「妨げる」タイプ

prevent, **keep**, **stop**「〜することを妨げる、防ぐ、止めさせる」：

〈S＋V＋O＋from 〜ing〉の形で用いられる。

(1) The bad weather **prevented** [**kept**] us **from** leaving.
「悪天候のために、私たちは出発できなかった」
(2) I tried to **stop** him **from** smoking but in vain.
「彼に禁煙させようとしたが、無駄だった」

(VI)「〜のままにしておく」タイプ

keep, **leave**「〜のままにしておく」：

〈S＋V＋O＋C（＝形容詞・分詞）〉の構文で用いられるのがふつう。

(1) The noise on the street **kept** me awake throughout the night.
「通りの騒音で私は一晩中目が覚めてしまっていた」
(2) The news **left** me wondering what would happen to the people there.
「そのニュースを聞いて、現地の人たちはどうなるのだろうかと私は思い続けた」

(VII) 感情・心理を表す動詞

surprise「驚かせる」、**delight**「喜ばせる」、**frighten**「怖がらせる」、**interest**「興味を持たせる」、**excite**「興奮させる」：

〈S + V + O〉のタイプで用いられるが、受動態で言い換えることもできる。

(1) Her ghost story **frightened** the children.
　　≒ The children **were frightened** by her ghost story.
　　「彼女の幽霊話を聞いて、子どもたちは怖がった」
(2) The fire **excited** the animals in the zoo.
　　「その火事のせいで動物園の動物たちは興奮した」
(3) Nothing **satisfied** him; he was always complaining.
　　「彼は何にも満足しなかった。だからいつも文句ばかり言っていた」

(VIII) その他、注意すべき動詞
remind「思い出させる」、**cost**「費用を払わせる」、
save, spare「費用・労力を省く」：
remindは〈remind + O + of 〜/to不定詞/that ...〉の語法がある。saveとspareは〈S + V + O + O〉になることに注意。

(1) This song **reminds** me **of** my high school days.
　　「この歌を聞くと高校時代を思い出す」
(2) His episode **reminded** me **to** study much harder.
　　「彼のエピソードを聞いて、もっと勉強しなくてはならないと気づいた」
(3) Careless driving may **cost** you your life.
　　「不注意運転をすれば命を失うことにもなります」
(4) The computer **saves** us a lot of time and trouble.
　　「コンピュータのおかげで多くの時間と労力が省かれる」

　この他にも無生物主語構文に使われる動詞はありますが、上の例でほぼカバーしています。あとはこうした動詞の使い方に慣れることが大事になります。

「第3章 無生物主語構文に秘められた因果関係」の底力

　この章は前の1、2章とは異なり、かなりの部分を説明に費やしています。英語の無生物主語構文は日本語と比較した場合の表現形式の1つの特色と言うことができるでしょう。その特色を理解することは、私たち日本人が英語力を上昇させるために大いに役に立つことになります。

　言語において、名詞句には主語・目的語へのなりやすさを示す階層性があるという考え方は、無生物主語構文では名詞句の階層性の原則が当てはまらないことと合わせてみると、無生物主語構文を理解する上で非常に有効になります。また、使役動詞（makeなど）が無生物主語構文をつくるさいの「使役行為者」が無生物に拡張されて「擬人化」がなされていることなど、無生物主語構文の特徴も詳しく見てきました。

　英語は結果指向の言語、日本語は行為指向の言語であり、結果指向性の強い英語は無生物主語構文を自然な表現として容認する傾向があることも見てきました。無生物主語構文には2つのネクサスが1つの構文の中に凝縮されたものであり、日本語に訳す場合には、その2つのネクサスをいわば解析して、《ネクサス①》が原因・手段を表すように訳すと自然な日本語になることも見てきました。

　前述のように、無生物主語構文は日本語にはない特色の1つです。こうした特色を理解すれば、その使いこなしも飛躍的に上達することでしょう。

閑話休題

　先の『閑話休題』(☞p.071)では、擬人法を罵倒している夏目漱石の一文を引用しましたが、実は擬人法を用いた例は日本の古典文学にも見受けられます。たとえば、西行法師の次の和歌を詠んでみましょう。

　　嘆けとて　月やはものを　思はする
　　かこち顔なる　わが涙かな　　　　（『千載集』西行法師（86番））

「『嘆け』と言って、月が私を物思いにふけらせようとするのだろうか？　いや、そうではない。（恋の悩みだというのに）月のせいだとばかりに流れる私の涙なのだよ」といった意味です。ここでは月が擬人化されています。さらには次のような例もあります。

　　行き暮れて　木の下蔭を宿とせば
　　花や今宵の　あるじならまし　　　　　　　　　　　（『平家物語』）

　源平の一ノ谷の戦いで平忠度は岡部六弥太忠澄に首を討ち取られました。忠澄が忠度の箙に結び付けられた文を取ってみたところ、この歌が書き付けられていたという話です。「旅をゆくうち日が暮れてしまい、桜の木陰を宿とすれば、花が今夜のあるじとして私を迎えてくれるのであろうか」という意味です。ここでは（桜の）花が「あるじ」と擬人化されています。平忠度は平氏一門の都落ちの際、都へ引返して藤原俊成に自詠の巻物を託したという話がよく知られており、『青葉の笛』(明治39年:1906)という小学唱歌の2番にも歌われています。

第4章
名詞は意外にダイナミック

この章では、英語における名詞の重要性、そして名詞のいろいろな語法について見ていきます。
英語は名詞を中心とする言葉であり、日本語は動詞を中心とする言葉であるとも言われています。では、英語では日本語とはどのように違う形で名詞を使っているのでしょうか。そのことも念頭において解説していきます。

第4章 名詞は意外にダイナミック

4-0 名詞の意外な働き

　第4章では「名詞のさまざまな働き」について考えてみます。学校文法では名詞の扱いは、いわゆる普通名詞、物質名詞というような分類だけで通り過ぎている傾向があります。しかし、この章を読めば、**名詞には実にさまざまな働きがある**ことに気づくことでしょう。1つだけ例をあげておきましょう。

　日本語ならば、ある動作を表すのにそのものズバリその動作を表す語を使います。たとえば、日本語で「絵を見る」の「見る」はこれ以外に代わりの表現は考えにくいですが、英語では look at the picture のほかにも、have [take] a look at the picture とも言えます。

　英語では〈動詞＋名詞〉の形を使って、動作そのものの意味は名詞のほうに転嫁するという傾向にあります。特にこれは口語において顕著です。こうした名詞の使い方を知っておくことが英語を使う上で役にたちます。

4-1　英語は名詞から学習しよう

　どの言語でも名詞と動詞が基本であることには変わりはありませんが、私たちはどちらに重点を置いて英語を学習したらよいでしょうか。日本人の英語学習者に精通している言語学者のクリストファ・バーナード氏は次のような提案をしています。

「私たちが新しい言語を学ぶとき、まず何からとりかかることが必要だと感じるでしょうか？　基本的なコミュニケーションを満たすために何が必要でしょう？／私たちが、パプアニューギニアのジャングルで遭難したとしましょう。現地の人たちと意思を伝え合って生き延びるために、彼らのことばを学ばなければならないとしたら、私たちはまず『名詞』を覚えようとするのではないかと思います。『食べる』より先に『食べ物』を覚え、『飲む』より先に『水』を、『燃える』より先に『火』や『火事』を、『地面を這う』より先に『ヘビ』を覚えるといった具合にです。／もちろん、名詞を優先的に覚える1つの理由は、名詞（ここでは基本的な名詞に限ります）が他の品詞よりも簡単に識別がつき、すぐに理解できるからです。ものを指して、困っているのだという表情を浮かべれば、それをその土地のことばで何と言うかたずねることができます。同じように、彼らにとっても、外国人にことばを教えるには、身の回りのものの名前を教えるほうが簡単です。／だとしたら、**外国語を学ぶさいは、まず名詞中心に文法を覚えてみてはどうでしょう？**」

（『日本人が知らない英文法』プレイス）

では、名詞のさまざまな働きを見ていくことにしましょう。

4-2 動詞の要素を含む名詞

　私たち日本人は、なんとなく名詞は静的なものであると考えるかもしれませんが、**英語の名詞はきわめて動的な（dynamic）もの**です。次の例を太字体の名詞に注目しながら見てください。

(1) He has said the agreement shouldn't be signed until after the election, which some say illustrates his **reluctance** to step out of the limelight.　　　　（*Reuters* Dec. 2, 2013）
「選挙が終わるまでその協定には署名すべきではないと彼は述べたが、それは彼が注目されなくなることを厭う気持ちをよく表していると言う筋もある」

　上の文は少し複雑な構造になっていますので、まずその説明をしておきます。which は関係代名詞の非制限［継続］用法で、先行詞は前の文全体です。some say は some people say のことで、関係代名詞の後にきている挿入節と理解してください：
　which(S)｛some say｝, illustrates (V), his … limelight (O)
　これは、…, and some people say that it illustrates his reluctance to step out of the limelight ともパラフレーズできます。
　さて、reluctance は辞書を引くと「嫌気」「不承不承」「いやがること」などという訳語があります。しかし、この場合その言葉をそのまま使ったのでは誤訳になってしまいます。**辞書に出ている意味をただ機械的に覚えるだけでは役に立たないことが往々にしてある**のです。his reluctance にはネクサスが内包されていることは第2、3章で見た通りです。すなわち his reluctance to step out of … ＝ he is reluctant to step out of …と分析することがで

きます。reluctance は形容詞 reluctant から派生した名詞ですが、「〜することを厭う気持ち」という動詞の意味が含まれています。

(2) Mr. Mandela won **admiration** around the world when he preached reconciliation after being freed from almost three decades of **imprisonment**. (*BBC* Dec. 6, 2013)
「マンデラ氏がほぼ30年にもおよぶ投獄から解放された後に和解を説いたとき、彼は世界中の称賛を勝ち取った」

ここでは、動詞から派生した2つの名詞である admiration と imprisonment が用いられています。admiration は admire、imprisonment は imprison という、いずれも他動詞から派生した名詞です。したがって、前者は「(人を)称賛すること」および「(人から)称賛されること」、後者は「(人を)投獄すること」および「(人が)投獄されること」の2通りに解釈することができます。どちらに解釈したらよいかは、文のコンテクスト(背景となる文脈)の中で決定されます。この場合は「称賛された」、「投獄されていた」とどちらも受動の意味があります。

このように、**英語の名詞には動詞の意味を内包したり、受動の意味を表したりする動詞的な要素が含まれています。**動詞からつくられた名詞には当然ながら、動詞の意味合いが含まれています。また形容詞も(1)でわかるとおり〈be 動詞+形容詞〉が内包されていますので、動詞的な意味合いが現れます。

動詞および形容詞から派生した名詞の代表的な例を下にあげておきます。〔 〕内はもとの動詞・形容詞です。

(I) 動詞から派生した名詞:
admiration〔admire〕, approval〔approve〕, arrival〔arrive〕, belief〔believe〕, consideration〔consider〕, deceit〔deceive〕,

development〔develop〕, discovery〔discover〕,
removal〔remove〕, sale〔sell〕

(II) 形容詞から派生した名詞：
anger〔angry〕, bravery〔brave〕, coldness〔cold〕,
depth〔deep〕, freedom〔free〕, hunger〔hungry〕,
kindness〔kind〕, poverty〔poor〕, reality〔real〕,
truth〔true〕, wisdom〔wise〕

　動的あるいは受動的な意味合いを持つ名詞を用いた例をさらに2つ見ておくことにします。

(3) After Hungary lost a game against Czechoslovakia, for example, Puskas was suspended for life by the National Football Association, for '**laziness** on the pitch'.
(*BBC* Nov. 23, 2013)
「(1954年当時)ハンガリーがチェコスロヴァキアとの試合に負けたとき、プスカスは『ピッチ上の怠惰』のかどで同国のナショナル・フットボール協会から無期限出場停止の処分を受けた」

(4) 50 years after **its discovery**, acid rain has lessons for climate change.
(*The Atlantic Cities Place Matters* Sept. 10, 2013)
「発見されてから50年後の現在、酸性雨には気候変動に関する教訓がある」

　(3)の「ピッチ上の怠惰」とは being lazy in playing on the pitch、つまり「ピッチの上でプレーを怠けたこと、しっかりプレーをしなかったこと」の意味です。(4)では「酸性雨は人によって発見された」(「酸性雨が発見した」のではなく)ということは明白です。

4-3 軽い動詞＋名詞

　日本語ならば、ある動作を言い表すのにズバリその動作を示す1語の動詞を使いますが、英語では〈動詞＋（動作を表す）名詞〉の形を使って、**動作そのものの意味を、動詞ではなくて名詞のほうで受け持つ傾向**があります。

　簡単な例をあげましょう。

　日本語では「眠る」と言います（「睡眠をとる」とも言いますが、日常語としてはそれほど使われません）。ところが英語では sleep という動詞のほかに、have a sleep もよく使われる表現です。また、「答える」（これも「回答を与える」という言い方がありますが文語的で、あまり口語では用いません）は answer のほかにも give an answer とも言います。具体的な動作が動詞 (have, give) よりも、むしろ名詞 (a sleep, an answer) によって表されています。

　こうした表現は口語でよく用いられる、英語の表現の1つの特徴と言えるでしょう。

(1) I *had* **a good sleep** last night.
　　「昨夜はよく眠れた」
≒ I **slept** well last night

(2) They *took* **a short rest** on the way.
　　「彼らは途中で少し休んだ」
≒ They **rested** for a short time on the way.

　どうしてこのようになるのでしょうか。
　それは、**take, have, make, give** などの動詞が「軽い動詞」(light-verb) になることができる動詞であるからです。

では、「軽い動詞」とはどんな動詞でしょうか。それは、**その主な機能が文中の他の単語(名詞)を支えることへと変化した動詞**のことです。それ自身が本来もつ基本的な意味が薄れていき、動作を表す名詞が目的語として現れる、そして、動詞はその名詞が表す行為を主語が行うことを示すだけの役割になったのです。

〈軽い動詞+名詞〉の用例を次にいくつかあげておきましょう。

take: I *took* a walk in the park.「私は公園を散歩した」
Take / *Have* a look at this map.「この地図を見なさい」
He *took* / *had* a shower after the training.
「彼は練習の後でシャワーを浴びた」
The chimp *took* a bite of the banana.
「チンパンジーはバナナをひと口食べた」

have: Let's *have* a dance, shall we?「踊りましょう」
He *had* a quarrel with her.「彼は彼女とけんかをした」
You'll *have* a long wait.「長いこと待たされるでしょう」
She and I *had* a good talk.「彼女と私は楽しく話しあった」

make: The clerk *made* a polite bow to the lady.
「店員は女性に丁寧におじぎをした」
The UFO *made* a sharp turn.「UFOは急に旋回した」
The client *made* a visit to the lawyer.
「依頼人はその弁護士を訪ねた」
Make a wish and blow out the candle.
「願いをかけてロウソクを消しなさい」

give: She *gave* a loud cry.「彼女は大声で叫んだ」
He *gave* me a dirty look.「彼は嫌な顔をして私を見た」
She *gave* her mother a hug.「彼女は母を抱きしめた」
He *gave* a big yawn and went to his bedroom.
「彼は大きなあくびをして寝室に行った」

4-4 形容詞＋動作主を表す名詞

　前項の〈軽い動詞＋名詞〉の例からもわかるように、**英語は名詞に、日本語は動詞にかかる比重が大きい言語**です。このことはいつも念頭においておくのがよいでしょう。どこの国の言語でも名詞と動詞が基本ですが、言語によってその役割には違いがあるからです。たとえば次の２つのペアを見てみましょう。

(1) a. I am **a poor swimmer**.
　　　「私は泳ぎが下手です」
　 b. I **cannot swim well**.
　　　「私は上手に泳げない」
(2) a. She is **a fluent [good] speaker** of English.
　　　「彼女は英語を流暢に [うまく] 話す人です」
　 b. She **speaks** English **fluently [well]**.
　　　「彼女は英語を流暢に [うまく] 話します」

　上のそれぞれのa. とb. は意味がまったく同じというわけではありません。「形式は異なっても意味は同じである」という想定が現実にそぐわないことは今日の言語学では広く認められているところです。たとえば次の３つの文を見てください。

(3) a. I believe Tom kind.
　 b. I believe Tom to be kind.
　 c. I believe (that) Tom is kind.

　この３つの文は「トムが親切である」ということ、そして「私

が信じている」ということを述べているという点は共通しています。違っているのはどれくらい「私の直接的な体験があるか」という点です。a. はトムの親切な行為に接したことがあり、誰かトムの親切さを疑っている人がいた場合、それに対して自分の信じていることを主張するといった場面です。これに対して、c. では彼の親切な行為に直接接したことはないが、他の人が言うことなどから彼が十分に親切であると言えると思う場合です。b. はその中間です。微妙な差ですが、こうした差が形式に現れています。

　さて、(1a)(2a) は太字体が**〈形容詞＋動作主を表す名詞〉**の形になっています。形容詞は名詞の中に含まれている動作の様態を表しています。ほぼ同じ意味に書き換えた (1b)(2b) では形容詞は動詞 (swim, speak) の様態を表す副詞 (not well, fluently) として現れています。

　「彼女は英語を流暢に話す」という日本語を英語にする場合、たいていの人は (2b) のように訳します。これはこれで立派な英語です。文法的にも間違いではありません。ただし、speaks … fluently は動詞中心の英語になっていますので、これを a speaker と名詞を使って (2a) のように書くほうが英語らしく落ち着くと言えるでしょう。

　be 動詞は「連結動詞」と呼ばれることがありますが、(1a)(2a) の be 動詞はまさしく主語と補語を連結しているだけで、それ自体の動詞の意味はありません。**名詞 (swimmer, speaker) に動詞本来の意味が込められている**のです。

4-5 抽象名詞の多用

1 抽象名詞と接尾辞

抽象名詞を多く使うのも英語の大きな特徴です。第2章で見たとおり、ネクサスにはこの抽象名詞が多用されています。

抽象名詞は性質・状態・行為など一般に抽象的な概念を表す名詞で、beauty, ability, education, knowledge, humidity, information, laughter, length, peace, width などがその例です。先にふれた動詞・形容詞から派生した語 (☞ 4-2) も抽象名詞です。

抽象名詞は接尾辞によってある程度見分けがつきます。主な語尾とその例をいくつかあげましょう。次のような語尾で終わる名詞は基本的に抽象名詞と考えられます。

- **-age**: 状態、〜することなどを表す
  carriage, marriage, passage, shortage, usage
- **-ance**: 属性、行為などを表す
  abundance, assistance, ignorance, resemblance
- **-ence**: 属性、行為などを表す
  confidence, difference, existence, reference
- **-cy**: 属性、過程などを表す
  democracy, efficiency, tendency, urgency
- **-hood**: 〜の状態、〜さ、〜時代の意味を表す
  adulthood, childhood, likelihood, motherhood
- **-(t)ion**: 行為、過程、属性、成果などを表す
  action, competition, direction, education, protection
- **-ism**: 〜すること、〜の状態、〜さ、〜主義などを表す
  barbarism, capitalism, criticism, heroism

- **-ment**: 行為、手段、成果、状態などを表す
  agreement, development, excitement, movement
- **-ness**: 属性、状態などを表す
  blindness, darkness, happiness, kindness
- **-ship**: 属性、状態などを表す
  friendship, hardship, leadership, scholarship
- **-th**: 属性、状態などを表す
  breadth, growth, strength, truth, warmth
- **-(i)ty**: 属性、状態などを表す
  eternity, minority, necessity, reality, variety

2　〈前置詞＋抽象名詞〉のイディオム

〈前置詞＋抽象名詞〉がイディオムをつくる例があります。これも英語の特徴で、これらは (I) **形容詞句**と (II) **副詞句**に分けることができます。主として文語で用いられる表現です。

(I) 形容詞句

(1) The firm is looking for a person **of great ability**.
　　　　　　　　　　　　　　　(≒ a very able person)
「その会社は非常に有能な人を探している」

(2) She was what we call a woman **of culture**.
　　　　　　　　　　　　　(≒ a cultured woman)
「彼女はいわゆる教養のある女性だった」

(3) He is **in perfect health**.　〈SVC〉のC
　　　(≒ perfectly healthy)
「彼はしごく健康である」

(4) They found his thesis **of great importance**.　〈SVOC〉のC
　　　　　　　　　　　　(≒ very important)

「彼らは彼の論文が非常に重要であることがわかった」

(1) と (2) は〈前置詞＋抽象名詞〉が後ろから名詞を修飾していますが、(3) および (4) はそれぞれ SVC／SVOC の C として形容詞に代わる働きをしています。〈前置詞＋形容詞＋抽象名詞〉で度合いを表すパターンにも注意してください（☞次の(II)も同様）。

(II) 副詞句
(1) Cathy speaks Japanese **with great fluency**.
  　　　　　　　　　　　　（≒ very fluently）
  「キャシーは日本語をとても流暢に話す」
(2) He took my umbrella **by mistake**.
  　　　　　　　　　　　（≒ mistakenly）
  「彼は私の傘を間違って持って行った」
(3) They made a big noise **on purpose**.
  　　　　　　　　　　　　（≒ intentionally）
  「彼らはわざと大きな音をたてた」

3　〈動詞＋抽象名詞（＋前置詞）〉のイディオム

これは 4-3 の〈軽い動詞＋名詞〉と共通の性質を持つイディオムです。

(1) The medicine **took effect**.
  「薬が効いた」
(2) She **has made great progress in** English.
  「彼女は英語がとても上達した」
(3) He **takes pride in** (≒ is proud of) his wealth.
  「彼は自分の財産を鼻にかけている」

全体で1つの動詞に相当する役目をする例も多くあります。

(4) They **caught sight of** (≒ discovered) a tiny island.
「彼らは小さな島を目にした」
(5) I cannot **find fault with** (≒ criticize) her manners.
「彼女の態度は申し分ない」【注】find fault with「〜を非難する」
(6) The boys **made fun of** (≒ ridiculed) us.
「少年たちは私たちをひやかした」
(7) They **took advantage of** (≒ utilized) his ignorance.
「彼らは彼の無知につけこんだ」

4　普通名詞の抽象名詞化

〈the ＋普通名詞〉が抽象名詞になる場合があります。普通名詞の定義は「一定の形状で、同一種類に属する個々の具体的な物を表す名詞」です。a book, the book, (two) books, my book(s) などのように、冠詞を付けたり複数形にしたりすることができます。

(1) **The pen** is mightier than **the sword**.
「文は武よりも強し」

これは人口に膾炙(かいしゃ)したことわざです。The pen(ペン)は「文筆、言論」を、the sword(剣)は「武力、暴力」という抽象的な概念を象徴しています。このように、近似した概念に基づいて意味を拡張し、上位概念を下位概念で、あるいは下位概念を上位概念で表す用法を「換喩(かんゆ)」(metonymy)と呼んでいます。日本語にも同じような用法があります。

(2) 昨夜は**鍋**を食べた。〔鍋料理〕
(3) 若い頃よく**太宰**を読んだ。〔太宰治の小説〕

p.110 の『閑話休題』にさらに日本語の換喩の例を紹介しました。興味のある方はご参照ください。
もう2つ英語の例をあげておきましょう。

(4) **The ham sandwich** left a big tip.
　　（≒ the person who ate the ham sandwich）
　　「ハムサンドを食べた人はチップをはずんでいった」
(5) She felt **the mother** rise in her heart to see the poor orphan. （≒ her maternal love）
　　「そのかわいそうな孤児を見たとき、彼女は胸に母性愛が湧き上がるのを感じた」

(4) は日本語でよく耳にする「わたしはウナギだ」式に似た用法ですね。(5) は少し注意が要るでしょう。「彼女はその母親が彼女の胸で立ち上がったのを感じた」では意味が通りませんから。
また、〈the ＋普通名詞〉は次のように、もともと「種の総称」としての用法があります。（☞種の総称の表し方については 4-6 も参照のこと）

(6) **The dog** is a faithful animal.
　　「犬（というもの）は忠実な動物である」

この用法が拡張されていって、物や人の全体に通じる抽象概念（特性・機能など）を表すようになり、抽象名詞に近づいたと考えられます。

5 抽象名詞の普通名詞化

今度は逆に抽象名詞が普通名詞化して用いられる場合です。

抽象名詞は本来は冠詞を付けたり、複数にしたりはしません。しかし、**抽象的な意味が具体化される場合や、さらに進んで具体的なものを表す場合には例外的に冠詞を付けたり、複数にしたりします**。たとえば、kindness は「親切」という意味では抽象名詞ですが、「親切な行為」という意味では普通名詞として冠詞を付けたり、複数形にしたりできます。

(1) Will you do me ***a* kindness**?
　「お願いがあるのですが」
(2) She did me ***many* kindnesses**.
　「彼女はいろいろと親切にしてくれた」
(3) I'll never forget ***the* kindness** I received from her.
　「彼女から受けた親切を決して忘れることはないだろう」

しかし、もともと普通名詞である book などと違って、数詞の one, two などを伴うことはできません。逆に、one, two などの数詞はつけられるのに、不定冠詞 (a/an) はつけられないといった名詞は英語には存在しません。さらに例をあげましょう。

(I) 不定冠詞を付ける場合：
(1) He has ***a* weakness** for the bottle.
　「彼は酒に目がない」
　【注】have a weakness for「〜が好きでたまらない」
(2) It is ***a* pity** that she should be absent.
　「彼女がいないのは残念だ」

(3) He is *a* **shame** of the family.
「彼は家族の面汚しだ」
(4) Your sister is *a* **beauty**.
「きみの妹［姉］は美人だね」

(II) **複数にする場合：**
(1) We were impressed with her **civilities**.
「彼女の礼儀正しい行為に私たちは感銘を受けた」
(2) It was *a thousand* **pities** that you can't come.
「あなたが来られないのは本当に残念です」
(3) The Ms. Brontes were celebrated **beauties**.
「ブロンテ姉妹は有名な美人だった」

(III) **その他**
抽象名詞の中には、単独では不定冠詞は付かないが、名詞の前に形容詞が挿入されたり、名詞の後に形容詞句が続いたりしたときに不定冠詞が付くものがあります。

(1) I have *a* **knowledge** *of German.*
「私はドイツ語を少し知っている」
(2) She has *a wide* **knowledge** and wisdom
「彼女は深い知識と知恵を持っている」
(3) He had *a* **wealth** *of experience* about politics.
「彼は政治に豊富な経験を持っていた」

もちろん、すべての不可算名詞にこうしたことが当てはまるわけではありません。news にはどんな形容詞を付けても不定冠詞は付けられません。

> I have | *good* | news.「よい知らせがあります」
> | **a good* | news.
>
> *cf.* I have ***a piece of*** *good* **news**.
> 「よい知らせが1つあります」

なお、名詞の分類が移動することで意味が変わる名詞については第 7 章でさらに検討していきます（☞ 7-2）。

閑話休題

日本語の換喩の例：

- 顔を剃る → 顔の鬚を剃る
- 東京がゲンナリしている
  → 東京都民がゲンナリしている
- 海が干上がる → 海の水が干上がる
- その皿を平らげた → その皿の料理を平らげた
- 詰め襟が歩く → 詰め襟の学生が歩く
- 白バイが違反者を逮捕する
  → 白バイ警官が違反者を逮捕する
- 平安神宮が満開だ → 平安神宮の桜が満開だ

こうしてみると、日常語の中に換喩が想像以上に使われており、しかも私たちはそれを換喩とは意識していないことがわかります。

4-6 主語になれない名詞

　英語の文の根幹をなすものは〈主語＋述語動詞〉であることは言うまでもないことです。そして主語になる語（あるいは句）の主役を務めるのが名詞と代名詞です。しかし、「**すべての名詞が文の主語になれるわけではない**」ということは案外知られていないようです。

　主語になるのは基本的に名詞ですが（例外については 5-2 を参照）、**名詞はその現れ方によっては主語になれないことがあります**。これは実はすで第 1 章で扱った「英語の情報の伝え方」と深い関係があります。ここでは cat を例にとってみましょう。

(1) ***Cat** was on the fence.
(2) ? **A cat** was on the fence.
(3) ? **Cats** were on the fence.
(4) **The cat** was on the fence.
(5) **Her cat** was on the fence.

　普通名詞は (1) のように冠詞、あるいは名詞の前に置くことができる語（例：Tom's, her, two, many など）をとらずに、いわば**「裸のまま」で英語の文の中に現れることはありません**（☞ 1-4-1）。したがって、(1) は文法的には文ではない、つまり非文（本書で * を付した文）として扱われます。

　では、冠詞の付いた (2) はどうでしょうか。「塀の上にネコがいた」という意味はこの英文でよいのでは？と考えるかもしれません。しかしこの文は、1-3-2 でも述べたように「（ふと）見ると塀の上にネコがいた」というような直接的な知覚を述べる文とし

ては成立しますが、ふつうは用いられないものです。(3) のように複数形であっても同じことが言えます。 もっとも、次のように種の総称を表す場合には OK です (☞ 4-5-4)。

(2') **A cat** is a mysterious animal.
(3') **Cats** are mysterious animals.
「ネコ (というもの) は神秘的な動物だ」

通常はもちろん、文頭に不定名詞句 (☞ 1-3-2) が来ることを避け、There was a cat on the fence./There were some cats on the fence. という **There 構文** (すなわち「存在文」) を用います。

(4) の場合はどうでしょうか。これは the が付くことにより、「(台所の魚をさらっていった) そのネコは塀の上にいた」のように、cat について話し手と聞き手の間で共通の了解 (the cat は既知情報) が成り立っている文です。同じ冠詞でも不定冠詞と定冠詞ではこうした違いがあります。(5) のように代名詞の所有格が前に来ている場合も同じです。このように、**普通名詞はいつでも主語になれるわけではなくて、その現れ方によって制限されます。**

では、固有名詞、物質名詞、抽象名詞の場合はどうなるでしょう。それらの場合は、第1章 (1-4-2) で説明したように、話し手と聞き手の間で暗黙のうちに了解されている情報みなすことができるので、**常に主語として用いることができます。**

(6) **Paris** is the capital of France.
「パリはフランスの首都である」
(7) **Wine** is made from grapes.
「ワインはブドウから作られる」
(8) **Ignorance** is bliss.
「無知は真実なり (知らぬが仏)」

さらに、第3章 (3-3-1) で見た「主語・目的語のなりやすさ」を復習しておきましょう。（ここでは主語だけを扱います）

名詞句には動作主へのなりやすさを示す**名詞句の階層性**があることについて学びました。そこでは、

　親族名詞・固有名詞＞人間名詞＞動物名詞＞無生物名詞

の順で動作主すなわち主語になりやすいことを知りました。

ここではどういう名詞句が主語になりやすいかということを、名詞の意味に基づいて見ていくことにします。

言語学者によってすでに指摘されているのは、**文中に「動作主を表す名詞句」があれば、まずそれが主語になっている**ということです。「動作主を表す名詞句」がなければ「道具を表す名詞句」が主語になり、「道具を表す名詞句」もなければ「被動作主を表す名詞句が主語になる」というのがふつうです。たとえば、Tom, the door, the key という3つの名詞句がある場合、階層性に基づき、次の (9) のように、まず動作主の Tom を主語にするのがふつうです。以下、(10) では道具を表す名詞句が、(11) では被動作主を表す名詞句が主語になっているのがおわかりでしょう。

もっとも、道具を表す名詞句と被動作主を表す名詞句の両方がある場合には (10) のほかに (12) の形が可能です。そうすると、名詞の階層性を自動詞に当てはめるには無理がありそうです。

(9) **Tom** opened the door with the key.
　　「トムはその鍵でドアを開けた」
(10) **This key** will open the door.
　　「この鍵でドアが開くだろう」
(11) **The doo**r opened.
　　「ドアが開いた」
(12) The door opened with the key.
　　「ドアはその鍵で開いた」

文は「～（主語）が...する / である（述部）」で成り立つのが基本ですが、英文の主語は、その文の述部の内容に「何が最も責任をもっているのか」によって決定されます。これは視点を変えれば、「その文の話し手・書き手が、その文の述部の内容に何が最も責任をもっていると考えているか」ということです。

　(9) では「the door は Tom が "the key を使って開ける" という動作をしなければ開かなかった」という意味で、Tom が最も責任をもっている（＝「動作主」）と考えられます（すなわち、この文の書き手がそう考えている）。

　(10) では、The key が "the door を開ける" という動作に責任をもっています。

　(11) と (12) では The door が "開く" という動作に責任をもった「動作主」です。

　英語は常に「動作主」が最優先される言語です。英語の名詞句のこうした「主語になりやすさ」の傾向を知っておくことも、英文を書くときに参考になるかと思います。

4-7 目的語になる名詞

　現代英語では、主格と目的格は（代名詞を除いて）形の上での区別はないので、**目的語は語順を手掛かりにして特定する**以外にありません。（英語の「格」については 6-2 を参照）

1　すべての名詞は目的語になれる

　主語の場合と異なり、どのような名詞であっても目的語になることができます。目的語には他動詞の目的語と前置詞の目的語の2種類があります。

(1) She *opened* **the door** carefully.
　　「彼女は注意深くドアを開けた」
(2) I *looked at* **Mary** secretly.
　　「私はこっそりメアリーを見た」
(3) They *started from* **Tokyo** *at* **noon**.
　　「彼らは正午に東京を発った」
(4) I *am fond of* **birds**.
　　「私は鳥が好きだ」

　(1) で the door は他動詞 (opened) の目的語です。
　(2) は〈自動詞＋前置詞＋名詞〉となっています。形の上では名詞 Mary は前置詞 at の目的語ですが、意味の上では looked at は1つの他動詞の意味 (saw) を表しています。
　(3) の Tokyo と noon はいずれも前置詞 (from, at) の目的語ですが、started from は1つの他動詞 (left) と考えることもできます。

(4)は形容詞と連動した前置詞(of)の目的語です。be fond of（〜が好きである）はみなさんもご存知でしょう。

2　同族目的語

ふつうは自動詞として使われる動詞の中で、(I) 動詞と同形または同語源、(II) 動詞の同義語または類語の名詞を目的語にするとき、それらを「**同族目的語**」(cognate object) と呼びます。

(I) 動詞と同形または同語源
(1) I *dreamed* a bizarre **dream**.
　　「私は奇妙な夢を見た」
(2) She *slept* a peaceful **sleep**.
　　「彼女は安らかに眠った」
(3) He *lived* a happy **life**.
　　「彼は幸せな人生を送った」
(4) Their son *died* a brave **death** in the war.
　　「彼らの息子は戦争で勇敢な死を遂げた」

(II) 動詞の同義語または類語の名詞を目的語にする
(1) A hare and a tortoise *ran* a **race**.
　　「ウサギとカメが競走をした」
(2) They *fought* a good **battle**.
　　「彼らは立派に闘った」
(3) He *hit* the boy a heavy **blow** on the head.
　　「彼は少年の頭をしたたかに叩いた」

同族目的語についてはいくつか注意すべき点があります。(I)(3)の場合、He lived *a life*. のように life に修飾語句を伴わない

形式はほとんど用いられることがありません。それは He lived. だけでは文が成り立たなくて、He lived *happily*. などのような副詞（類）があって初めて文として意味をなすのと同じです。もっとも、修飾語句を伴わない例も若干あります。

(1) As I slept I **dreamed a dream**.
「眠っているとき私は夢を見た」
(2) She **smiled a smile** and hopped up.
「彼女は微笑んで、跳びはねた」

いずれも文学的な用法ですので、みなさんは同族目的語は必ず形容詞とともに用いると覚えておくのがよいでしょう。

さて、前に述べた同族目的語の定義 (I)(II) がすべての動詞に当てはまるわけではありません。たとえば、次の (3)(4) は奇妙に聞こえるでしょう。

(3) ? He *began* a good **beginning**.
(4) ? She *delayed* a little **delay**.

3 省略された目的語

他動詞が一定の目的語を省略した形で用いられることがあります。次の例では、（ ）内の名詞が省略されている目的語です。

Mary was
- reading (**a book**).
- eating (**food**).
- washing (**clothes**).
- waving (**her hand**).
- smoking (**a cigarette**).

このような他動詞にはほかに次のようなものがあります。

babysit (a child)「子守をする」
cook (food)「調理をする」
draw (a picture)「絵を描く」
drink (alcoholic beverage)「酒を飲む」
drive (a car)「車を運転する」
shrug (shoulders)「肩をすくめる」
sing (a song)「歌を唄う」
sow (seeds)「種をまく」
spell (words)「綴りを言う」

4-8 補語になれる名詞

　名詞が補語（SVC や SVOC の C）になることも多いのですが、補語は典型的には形容詞で表されるものです。したがって、**補語 (C) は形容詞的性格をおびる**ことになります。名詞が補語として現れる場合には、不定冠詞（a/an）を伴った不定名詞句（☞ 1-3-2）——たとえば、下の (1) の文中の a teacher——の形をとることも多いです。

　補語 (C) には、(I) I am <u>an English teacher</u>.（私は英語教師だ）など be 動詞に代表される SVC の文型に現れる「**主格補語**」と、(II) I call her <u>Beth</u>.（私は彼女をベスと呼んでいる）などに代表される SVOC の文型に現れる「**目的格補語**」の 2 つがあります。

1　主格補語の名詞

　主格補語は主語の内在的な性質を述べるという働きがあり、名詞の場合も形容詞に近い役割を果たしています（下の cf. の文を参照）。この場合、be 動詞は主語と補語になる語の単なる連結を表します（☞ 4-4）。

(1) Mary is **a teacher**.「メアリーは教師です」
　　cf. Mary is **wise**.「メアリーは賢い」
(2) They are **owls**.「それらはフクロウです」
　　cf. They are **useful**.「それらは役に立つ」

　これらの例においては次の (3)(4) のように主語と補語はふつう入れ換えることができません。a teacher, owls はともに不定

名詞句であることにも注意してください。

(3) ***A teacher** is Mary.
(4) ***Beautiful** is Mary.

これに対して、補語が定名詞句（the ＋名詞句）である次の（5）のような文では、意味・ニュアンスは若干異なりますが、主語と補語を入れ換えても文は成立します。（1）と（5）での a teacher, the teacher の冠詞の違いに注意してください。

(5) Mary is **the teacher**.
　　「メアリーがその教師である」
(6) **The teacher** is Mary.
　　「その教師はメアリーである」

2　目的格補語の名詞

目的格補語は〈SVOC〉の文型の C に当たるものです。OC の部分がネクサス構造になっていますから（☞ 2-2-2 (I)、2-4-3）、目的格補語の名詞も主格補語のように、目的語（下記例文中の斜字体部）の内在的な性質を述べる、形容詞的な役割を果たしています。

(1) John called *the dog* **Whitey**.
　　「ジョンはその犬をホワイティと呼んでいた」
　　（the dog is Whitey）
(2) Mary believed *him* an honest **man**.
　　「メアリーは彼を正直な男だと信じていた」
　　（he is an honest man）

3 　無冠詞の補語

　抽象名詞は冠詞が付いたり複数形になることもあります（☞ 4-5-5）が、be 動詞の補語の位置に来て人の性質を述べるような場合は形容詞のような性質に近くなるので、本来どおり無冠詞になります。

(1) Mary was **kindness** itself.
　　「メアリーは本当に親切だった」
(2) He is **happiness** itself.
　　「彼はすごく幸せだ」

〈抽象名詞＋ itself〉で形容詞の強意を表します。
　次の (3) の mayor（目的格補語）や (4) の president（主格補語）のように**身分や官職などを表す名詞が補語になっている場合、無冠詞になる場合があります。人物ではなく、その地位に就いている状態**（＝形容詞に近い状態）**を表すから**と考えられています。

(3) We elected her **mayor**.
　　「私たちは彼女を市長に選んだ」
(4) How old was Bill Clinton when he first became **president**?
　　「ビル・クリントンが最初に大統領になったのは何歳の時だったか」

　準動詞（不定詞、動名詞）、名詞節なども補語になることができますが、これらは次章で詳しく扱うことにします。

4-9 形容詞の役割をする名詞

　名詞には、別の名詞の前に置いて、その名詞を修飾するという、形容詞的な働きをする場合があります。

(1) He was looking for an **iron** rod.
　　「彼は鉄の棒を探していた」
　　cf. He was looking for a **long** rod. 〔純粋な形容詞〕
　　　「彼は長い棒を探していた」
(2) Is there a **grocery** store around here?
　　「このあたりに食料品店はありますか」

　形容詞用法の名詞は、修飾している名詞の種類、材料などを述べています。
　また、形容詞用法の名詞は純粋な形容詞とは違って、必ず修飾する名詞の前に置きます。

　　a **flower** basket「花かご」
　　＊a basket **flower**
　　cf. a basket **full** of flowers「花でいっぱいのかご」
　　　　　〔形容詞句による後置修飾〕

　なお、名詞のこの用法については第6章 (6-1) で、他の用法とあわせて詳しく扱います。

「第４章　名詞は意外にダイナミック」の底力

　名詞は文法書などでは、固有名詞・普通名詞・集合名詞・物質名詞・抽象名詞や可算名詞・不可算名詞といった名詞の種類分けなどに重点がおかれています。この章では、あまり取り上げられることはないけれども、英語の特徴として学んでおくべき名詞のいろいろな働きに焦点を当てました。

　たとえば、形容詞や動詞の派生語を用いた文の解釈、〈動詞＋(動作を表す)名詞〉の形、抽象名詞の多用な用法などは特に日本語と異なる英語の特徴と言えます。本章ではこうした項目に重点をおいて見てきました。

　「外国語を学ぶさいは、まず名詞を中心に文法を覚えてみてはどうでしょうか」という冒頭の言語学者のことばに従って、さらに名詞の知られざる特徴や用法を学んでいくことにしましょう。

第4章 名詞は意外にダイナミック

> **閑話休題**
>
> 　固有名詞が通りや公園などの名前に形容詞的に使われる以外にも、形容詞的な役割を果たしている例があります。たとえば"Huckleberry friend"です。huckleberryは「北米産ツツジ科の低木」の名前ですが、アメリカの小説家マーク・トゥエイン (Mark Twain) の小説『ハックリベリー・フィンの冒険』(The Adventure of Huckleberry Finn) の主人公の少年の名前でもあります。彼 (Huckleberry) は『トム・ソーヤーの冒険』(The Adventure of Tom Sawyer) にもTomの無二の親友として登場してきます。Huckleberry friendは「特に幼い頃からのとても親しい友だち」の意味を表すくだけた用法として使われています。オードリー・ヘップバーン (Audrey Hepburn) 主演の映画『ティファニーで朝食を』(Breakfast at Tiffany's) の主題歌 Moon River の中でもこのHuckleberry friendが使われています。
>
> 　また、"Monroe walk"という言葉もあります。ご存じマリリン・モンロー (Marilyn Monroe) の映画の中のセクシーな歩き方を指しています。日本語にも似たような用法があります。たとえば、テレビの時代劇などでおなじみの大岡越前守。彼は名奉行として知られていて、その見事な裁定は「大岡裁き」と呼ばれました。「判官贔屓（はんがんびいき）」という言葉も耳にすることがあります。判官──「ほうがん」とも読みます──とは源義経が後白河法皇より任じられた官職名ですが、もちろん義経のことを指しています。意味を述べるのは蛇足と言うものですね。

第5章
名詞に代わるもの

　この章では、これまで述べてきた名詞（句）に代わって名詞としての役割を果たすものを検討していくことにします。
〈the＋形容詞〉、〈前置詞＋名詞〉、to不定詞や動名詞、同格の名詞句などです。それぞれは当然ながら、それぞれの文法範疇に属しています。したがって、それら独自の用法よりは、名詞との関わり方がより明確にわかるようにしたいと思います。

5-0 本来の品詞である名詞に代わるもの

　英語の場合、ある品詞の働きを他の品詞が代わって行うことがよく起こります。英語の特徴の１つと言ってよいでしょう。

　to 不定詞や動名詞が主語や目的語として使われていることは、中学の文法レベルでもすでに学習してきているところです。この章では、こうした準動詞の名詞的用法についてはできるだけスペースを割いて検討してみます。

　ほかにもさまざまな名詞句があって、それぞれが主語、目的語、補語などの名詞の働きをしています。名詞句だけでなく、接続詞がつくる名詞節も名詞句と同様な働きをして注意が必要ですし、また、「同格」表現も実にバリエーションに富んでいます。

　こうした事項を学習していくと、文法というものが１つの品詞の事項にとどまらず、他の品詞とも相互に関わり合っていることがよくわかります。したがって、**文法を学習するときには、そうした他品詞とのつながりを意識して学習すると、効率的な学習ができることは確かです。**

5-1 the＋形容詞

〈the ＋形容詞〉には名詞句として、(I) 形容詞が示す人々を総括して言う表現、(II) 抽象名詞の 2 通りの用法があります。

(I) 形容詞が示す人々を総括して言う表現

(1) The recession was harsh on **the young and the old** alike.
    (the young ≒ young people / the old ≒ old people)
    「不況は若者にも年寄りにもつらいものだった」

(2) Tom Corley outlines a few of the differences between the habits of **the rich** and **the poor**.
    (the rich ≒ rich people / the poor ≒ poor people)
    「トム・コーリーは富裕層と貧困層の間の習慣の違いにつき、いくつかの概略を述べている」

ここでは〈the ＋形容詞〉≒〈形容詞＋ people〉なので (前者の方が文語的な表現という違いがあります)、これが主語になる場合には当然、次の (3) のように**動詞も複数で呼応**します。

(3) **The young** (≒ Young people) ***are*** a little bit different from the rest of us.
    「若者たちは私たち他の世代とは少しばかり違っている」

このタイプの〈the ＋形容詞〉には次のようなものがあります。

> the blind「盲人」　　　　the deaf「聴覚障碍者」
> the old「老人」　　　　　the young「若者」

第5章 名詞に代わるもの

> the poor「貧しい人」　　　the rich「金持ち」
> the dead「死者」　　　　 the alive「生きている人」
> the jobless「無職者」　　 the unemployed「失業者」
> the mentally ill「精神病者」
> the disabled / the physically challenged「身体障碍者」

　もう少し限定されたグループの人々を指す場合もあります。次の (4) では the injured は「その事故で負傷した人々」に限定されています。

(4) After the accident, **the injured** were taken to hospital.
「事故の後、（その事故の）負傷者は病院に運ばれた」

　しかし、どのような形容詞にもこの用法があるわけではありません。たとえば、the happy, the foreign, the disgusting などを「〜の人々」の意味には使えません。
　また、次のようないくつかの成句では、〈the ＋形容詞〉を単複両扱いとすることもできます。

> the former「前者」　　　 the latter「後者」
> the accused「被告」　　　the undersigned「署名者」
> the deceased「故人」

上は代表的なものですが、1つ例文をあげましょう。

(5) ... MLB Japanese pitchers Darvish and Kuroda: **the former *was*** nominated for the Cy Young Award this year.
「…大リーグの日本人投手のダルビッシュと黒田：前者は今年のサイ・ヤング賞の候補にあげられた」

ところで、〈the＋形容詞〉の the が使われない場合もあります。数量形容詞の many, more や、所有代名詞などの後に続く場合、そして and, or を用いた対句や成句の場合です。次の例で、(7) と (8) は p.127 の (1) と (2) で the の付いた形をあげました。そのような〈the＋形容詞〉のほかに、rich and poor, young and old のような形で対句になっている場合、口調や慣用などのために the を付けない使い方があります。

(6) There are *more* **unemployed** than ever before.
「以前よりももっと多くの失業者がいる」

(7) The government made equal opportunities for both **rich *and* poor** (alike).
「政府は富める者にも貧しい者にも平等な機会を作った」

(8) This is a game for **young *and* old**
「これは若い人にもお年寄りにも向くゲームです」

(9) Give me **your tired**, **your poor**, …
「我にゆだねよ、汝の疲れたる、貧しい人々を、…」
(☞ p.131『閑話休題』)

(II) 抽象名詞

(1) Do you think that **the true *is*** absolute or relative?
「真実は絶対的なものあるいは相対的なものと思いますか」

(2) I'm very much interested in **the supernatural**.
「私は超自然的なものに非常に興味がある」

〈the＋形容詞〉は一般的な抽象概念を意味する抽象名詞として用いられることもあります。つねに単数扱いをし、文語（特に論文、小説、詩などの書き言葉）で使われます。

こうしたタイプに用いられる形容詞は特に哲学的な文章の中で

用いられます。次のような例があります。

> the beautiful（≒ beauty）「美、美しいもの」
> the good（≒ goodness）「善、善良であること」
> the true（≒ truth）「真実、本当のこと［もの］」
> the real（≒ reality）「現実、現実性」
> the unreal（≒ unreality）「非現実、現実でないこと」
> the unknown「未知、未知のこと［もの］」

このタイプの形容詞も限られたものです。the lovely, the foreign, the exciting などは抽象名詞になりません。
1つの形容詞が (I) にも (II) にも用いられることがあります。

(3) John Griffiths talks about **the old and the very new** in music.
「ジョン・グリフィスは音楽における旧いものと極めて新しいものについて語っている」

the old は (I) の (1) では old people、ここでは antiquity あるいは the state of being old の意味に使われています。

閑話休題

　(I) の例文 (9) はエマ・ラザラス (Emma Lazarus: 1849〜1887) というアメリカの詩人が 1883 年に書いた、『新大国』というソネット (14 行詩) の一節です。ニューヨーク湾にある自由の女神の台座の銘板に刻まれています。

The New Colossus
Not like the brazen giant of Greek fame,
With conquering limbs astride from land to land;
Here at our sea-washed, sunset gates shall stand
A mighty woman with a torch, whose flame
Is the imprisoned lightning, and her name
Mother of Exiles ……………………………（中略）
……………… " Give me your tired, your poor,
Your huddled masses yearning to breathe free,
The wretched refuse of your teeming shore.
Send these, the homeless, tempest-tossed to me,
I lift my lamp beside the golden door! "
我にゆだねよ　汝の疲れたる　貧しい人びとを
自由の空気を吸わんものと　身をすり寄せ
汝の岸辺に押し寄せる　うちひしがれた群集を
家なく　嵐に弄ばれた人びとを　我がもとへ送りとどけよ
我は　黄金の扉のかたわらに　灯火をかかげん

　　　　　　　　　　　　　　（田原正三訳・一部改訳）

　最後の 5 行 (訳を付けておきました) が有名です。your tired, your poor, your huddled masses, the homeless, (the) tempest-tossed はすべて「〜の人々」の意味になります。

5-2 前置詞＋名詞

〈前置詞＋名詞〉はふつう次のように形容詞句あるいは副詞句を作ります。

(1) A long walk **before breakfast** is pleasant. 〔形容詞句〕
「朝食前に長い散歩をするのは気持ちがよい」
(2) The boys went jogging **at night**. 〔副詞句〕
「少年たちは夜ジョギングに出かけた」

しかし、〈前置詞＋名詞〉を主語として使うことができます。つまり、名詞の代わりをすることができるのです。こうした表現は日本語に近い感じがします。文脈にもよりますが、いろいろと応用が利く表現です。

(3) **In such a park** is no place to play soccer or baseball.
「そうした公園はサッカーや野球をする場所ではない」
(4) **Between seven and nine** would be better for me.
「7時から9時の間ならもっと都合がいいのですが」
(5) **On the television** is my pet Kuro's favorite place.
「テレビの上がペットのクロのお気に入りの場所です」
(6) **Under a tree** isn't a good place to shelter in case of a thunder.
「木の下は雷のときに避難するのに適した場所ではない」
(7) **After school** was a pleasant time for them.
「放課後は彼らにとって楽しい時間だった」

5-3 to不定詞がつくる名詞句

　文中で名詞の代わりをするものは、ほかにもいろいろあります。たとえばto不定詞、動名詞などです。また関係詞や接続詞を用いて名詞を修飾した名詞句、あるいは名詞節などがあります。本書では名詞との関わり方に重点をおいて見ていくことにします。

　to不定詞にはご存じのように名詞的用法、形容詞的用法、副詞的用法の3つの用法があります。名詞がそうであるように、to不定詞の名詞としての用法も、文中で**主語**、**目的語**、**補語**の働きをすることができます。

1　主語の働き

(1)　形式主語itの構文

　古い英語ではto不定詞は他の主語と同じように、文の主語として簡単に文頭に置くことができました。

(1) **To err** is human, **to forgive** divine.
　　「過ちは人の常、許すは神の業」

　これは18世紀のイギリスの詩人ポープ（A. Pope）の言葉です。to forgiveの後にはisが省略されています。

　現代の英語では次の(2b)のように形式主語［予備の主語］であるitを文頭に置いて、to不定詞は後ろにまわすのがふつうです。

(2)　a.　**To be with you** is nice.
　　b.　*It* is nice **to be with you.**

「あなたといっしょにいると楽しい」

(2a) は主語の To be with you が補語の nice よりかなり長い、いわゆる"頭でっかち"の文です。そのため、代名詞の it を形式的な主語として文頭に置き、to 不定詞句を後ろに置く、(2b) のような形がふつうになってきました。これは"頭でっかち"による文のスタイルの不安定さを避けると同時に、**英語においては通例、情報量の少ないものから多いものへと語を並べるという情報構造がとられる**ことから来ているのです。(☞ 1-1〜1-3)

(3) a. **Selling insurance** is a pretty boring job.
「保険の外交は実に退屈な仕事である」
b. ? **To sell insurance** is a pretty boring job.
≒ ? *It* is a pretty boring job **to sell insurance**.

行為全般について述べる場合には、(3a) のように動名詞を主語にするほうが、(3b) のように to 不定詞を主語にするよりも自然ですが、特定の行為を言う場合には、次の (4a) のように to 不定詞を主語にするほうがふつうです。to 不定詞と動名詞のこうした違いについては 5-3-3 で詳しく見ていきます。

(4) a. **To sell my car** was difficult.
「私の車を売ることは難しかった」
≒ *It* was difficult **to sell my car**.
b. ? **Selling my car** was difficult.

形式主語の it を用いた構文は、次のように多くの異なった概念を表すときに用いることができます。

- 重要性：
  It's **essential** to book a ticket in advance.
  「チケットを予約することが大事です」
- 難易：
  It's not **easy** to change his mind.
  「彼の気持ちを変えるのは容易ではない」
- 可能：
  Is it **possible** to go there by car?
  「車でそこに行くことができますか」
- 有益：
  It's not very **useful** to read the whole book.
  「その本全部を読んでもあまり役には立たない」
- 頻度・普通度：
  It's **unusual** to see Peter with a girl.
  「ピーターが女の子と一緒にいるのを見ることはあまりない」
  Is *it* **customary** to tip hairdressers?
  「美容師にチップを渡すのはしきたりですか」
- 感情的な反応：
  It was **lovely** to see you again.
  「あなたとまた会えたことは本当にすばらしかった」
  It's **interesting** to see different cultures and ways of life.
  「異文化や異なる生活様式を目にすることは興味深い」

(II) to 不定詞の意味上の主語

to 不定詞の意味上の主語が文の主語と異なる場合には、〈for ＋名詞（意味上の主語）＋ to 不定詞〉の形で表します。

(1) **To find a job here** is easy.
 ≒ *It* is easy **to find a job here**.

「ここでは仕事を見つけることは容易である」
(2) ***For young people** [**them**]* **to find a job here** is easy.
≒ *It* is easy ***for young people** [**them**]* **to find a job here**.
「若い人たち［彼ら］がここで仕事を見つけるのは容易である」

（1）では to 不定詞の意味上の主語は「全般の人々」つまり誰であってもよいものです。その場合には明記する必要はありません。（2）では「若い人たち［彼ら］」が意味上の主語になっています。

また、形式主語の it は〈It is ＋形容詞＋ **of ＋名詞**＋ to 不定詞〉の形をとることがあります。その場合の形容詞は「**(不)親切・賢明・軽率**」といった性質や態度を表すものが中心です。

(3) It was very kind ***of you*** to invite us tonight.
≒ ***You were very kind*** to invite us tonight.
「今夜はお招きくださり本当にありがとうございます」
(4) ***Of you to invite us tonight*** was very kind.

（3）では「you の行為（to invite us tonight）が親切であった」と同時に「行為者の you が親切であった」という、**二重の意味上の主語**が含まれています。「you が親切であった」ということから、You were ... と You を主語にして言い換えることができますので、わざわざ（4）のように言う必要はないのです。

2　目的語の働き

(1) to 不定詞だけを目的語にとる動詞の傾向

to 不定詞は動詞の目的語になることができますが、すべての動詞の目的語になれるわけではなく、動名詞だけを目的語にとる動詞もあります。このことは次の 5-4 で詳しく検討します。

to 不定詞だけを目的語にとる動詞には次のような傾向があります。

① 時間的に未来を志向する動作・状態を示す。
② 動作を実現することに積極的である。
③ to不定詞の意味上の主語は、明記されていない場合には文の主語と一致する。

これら傾向は以下の例のように概念に用いられますが、それらは別個のものではなくて、何らかの相互関係があります。

- 要求・希望：
  She **wants *to dance*** with you.
  「彼女はあなたと踊りたがっている」
  I **hope *to see*** you soon.
  「間もなくお会いできることと思っています」
- 意図・決心：
  I didn't **mean *to offend*** him.
  「私は彼を怒らせるつもりはなかった」
  He **pretended *to know*** the fact.
  「彼はその事実を知っているふりをした」
- 賛成・約束：
  I **agreed *to go*** with her.
  「私は彼女といっしょに行くことに同意した」
  She **promised *to play*** the piano for us.
  「彼女は私たちのためにピアノを弾くことを約束した」
- 期待：
  I **expect *to be*** there before noon.
  「私は正午前にはそこに行くと思います」

- 準備：
  We **are preparing** *to hold* a party.
  「私たちはパーティの準備をしています」
- 敢行：
  Who would **dare** *to speak* against her?
  「いったい誰が彼女に逆らうというのだろうか」
- その他：
  I couldn't **afford** *to buy* a new car.
  「私は新車を買う余裕がなかった」
  She **failed** *to attend* the event.
  「彼女は行事に参加しそこなった」

(II) 目的語としての〈名詞＋to不定詞〉

　第 2 章（2-4-3 (VI)）でふれましたが、〈SVO ＋ to 不定詞〉のタイプの文では、〈O ＋ to 不定詞〉をあわせて 1 つの目的語とすると考えられる動詞があります。like, love, hate, prefer, want, wish などです。この場合、O を主語にして受動態をつくることはできません。

(1) I **hate** *you to behave* like that.
　　「君にそんなふうに振る舞ってもらいたくない」
　　*You are hated to behave like that.
(2) He **loves** *her to sing* the song.
　　「彼は彼女がその歌を歌うのが大好きである」
　　*She is loved to sing the song by him.
　　*The song is loved to sing by him.

　（1）と（2）の〈O ＋ to 不定詞〉は、それぞれ " you (S) ＋ behave (V)", " her (S) ＋ sing (V) " とどちらもネクサスの関係です。（1）

では、「私があなたを嫌いかどうかは関係なく、あなたがそんなふうに振る舞うことが嫌いである」という意味であり、(2) では、「彼が彼女を好きかどうかには関係なく、彼女がその歌を歌うことが好きである」という意味です。〈O + to 不定詞〉があわせて動詞の目的語になっていることがわかりますね。

(III) 疑問詞 + to 不定詞

〈疑問詞 + to 不定詞〉は名詞句をつくりますが、動詞だけでなく、前置詞の目的語にもなることも覚えておくとよいでしょう。

〈疑問詞 + to 不定詞〉を目的語にとる動詞には次のようなものがあります：ask, tell, explain, show, wonder, consider, find out, understand, およびこれらに類似した意味を持つ動詞

(1) I wonder **who to invite**.
「誰を招待したらいいだろうか」
(2) Let's think seriously *about* **what to do**.
「何をどうしたらよいか真剣に考えましょう」

3　補語の働き

to 不定詞は be 動詞の後に置いて、補語、すなわち SVC の C として働くことができます。

(1) Our plan *was* **to get across the river at night**.
≒ *It was* our plan **to get across the river at night**.
「私たちの計画は夜に川を渡ることだった」

(1) は先に見た例文と同じように (☞ 4-8-1)、主語と補語を入れ換えて、To get across the river at night was our plan. として

も意味的にはほぼ同じです。このタイプの文は形式主語の it を使って言い換えることもできます。

　ふつう to 不定詞のほうが動名詞よりも動詞的な性質が強く、動名詞は抽象名詞に近いものになります。そのため、動名詞はしばしば一般的、習慣的、固定的なことがらに言及するときに用いられ、to 不定詞のほうは個々の具体的なことがらに言及するときに用いられます（☞動名詞については次の 5-4 で扱います）。こうした違いがあるために、文脈によってはどちらか一方が他方よりも適切な表現になることがあります。

(2) My hobby is **making model planes**.
　　「私の趣味は模型飛行機作りです」
(3) ? My hobby is ***to make model planes***.

「私の趣味」は個別的なことですが、趣味そのものはその場限りのものではなくて、習慣的・固定的なものです。したがってここでは (2) の動名詞のほうが (3) の to 不定詞よりも適した表現と言えます。

　次のような〈All/What 〜 do is to do …〉タイプの文は to 不定詞以下が主語の中にある do の内容を説明していますが、to が省略された原形不定詞が補語 (C) になることがよくあります。

(4) All she did was (**to**) **give him an enigmatic smile**.
　　「彼女はただ彼に謎のようなほほ笑みを浮かべただけだった」
(5) What he wanted to do was (**to**) **live in the country**.
　　「彼がしたかったことといえば田舎に住むことだった」

4 to不定詞で修飾された名詞句

to 不定詞は名詞の後ろに置かれて、その名詞を修飾し、あわせて名詞句をつくる、形容詞的な用法があります。

(1) Yuri Gagarin was ***the first human*** to journey (≒ who journeyed) **into outer space.**
「ユーリー・ガガーリンは宇宙を飛行した最初の人間だった」

(2) There is ***a lot*** to see (≒ that we should/can see) **in Kyoto.**
「京都には見物すべき名所が多い」

(3) They have ***no wish*** to change the situation.
「彼らは状況を変えるという願望はまったくない」

(1) では修飾された名詞が to 不定詞の意味上の主語を、(2) では目的語を表しています。(3) は to 不定詞が名詞の内容を説明している用法です。

(4) There are lots of ***good books*** for children to read (≒ that children can read) **in this library.**
「この図書館には子ども向けの良書がたくさんある」

(4) では修飾された名詞（good books）は to 不定詞の目的語になっており、to 不定詞の意味上の主語が for 〜で表されています (☞ 5-3-1 (II))。

5-4 動名詞がつくる名詞句

　ここでは動名詞がつくる名詞句についての注意点を見ていくことにします。
　動名詞の基本的な性質には、その名の通り、**名詞的な性質**と**動詞的な性質**の2つがあります。名詞的な性質としては動詞の主語・目的語・補語になるほか、前置詞の目的語にもなります。動詞的な性質としては目的語・補語をとるほかに、受動態や完了形があり、副詞で修飾されます。

1　動名詞の基本的な性質

(1) **Living in a foreign country** is a good experience.
「外国で暮らすことはよい経験である」
(2) She enjoyed **talking with her old friends**.
「彼女は旧友たちとのおしゃべりを楽しんだ」
(3) My hobby is **making model planes**. 　(☞ 5-3-1 (1))
「私の趣味は模型飛行機作りです」

　上記3例の動名詞句には、(1) 主語、(2) 目的語、(3) 補語という**名詞的性質**と同時に、(1) では in a foreign country、(2) では with her old friends という副詞句を伴っている（副詞句に修飾されている）という**動詞的性質**も含まれています。
　動詞の目的語になるときには注意が必要です。先にふれましたが (☞ 5-3-2)、動詞には to 不定詞と動名詞のどちらも目的語にとることができるもの、どちらか一方だけをとるものがあります。(2) の enjoy は動名詞だけを目的語にとる動詞に含まれます。

5-4 動名詞がつくる名詞句

動名詞だけを目的語にとる動詞には次のような傾向があります。

① 時間的に中立か、過去の事柄を表す。
② 動作の実現に消極的なニュアンスを持つ動詞と結合する。

次にいくつか代表的な動詞と例をあげておきましょう。

- **時間的に中立**：appreciate, enjoy, consider, fancy, imagine, understand, practice, risk
  Have you **considered** *getting* *a job abroad*?
  「これまでに外国で仕事を得ようと考えたことがありますか」

- **時間的に過去**：admit, deny, recall, recollect
  He **admitted** *going* *out with her twice*.
  「彼は彼女と2度デートしたことを認めた」

- **回避**：avoid, deny, escape, evade,（cannot）help, miss, resist, mind
  You must **avoid** *getting* *involved in such trouble*.
  「そんな面倒に巻き込まれることは避けねばならない」

- **延期・遅延**：postpone, put off, delay
  Don't **put off** *finishing* *the work till tomorrow*.
  「その仕事を終えるのを明日まで延ばすな」

- **終了・休止**：finish, give up, leave off, quit, stop
  Have you **finished** *reading* *the report*?
  「その報告書は読み終えましたか」

特に注意すべき動詞は stop です。〈stop + to 不定詞〉は「〜することをやめる」ではなくて、**「〜するために（立ち）止まる」**という意味で、この場合の to 不定詞は名詞句ではなくて、「目的」を表す副詞的な用法になります。

(4) **Stop** *talking* with each other while your teacher is talking.
　「先生が話をしている間はおしゃべりはやめなさい」
(5) We **stopped** *to take* a rest under a tree.
　「私たちは木の下で休むために立ち止まった」

2　the＋動名詞＋of＋名詞 / the＋名詞＋of＋動名詞

定冠詞 (the) が動名詞の前に付く場合には、その動名詞は直接その後に目的語をとることはできません。つまり、**動名詞は限りなく名詞に近づいている**ということです。次の (1) がその例です。(2) は the が付かず直接、目的語をとっている例です。

(1) Traditionally, ***the*** **teaching** *of* **Japanese** has been based on teachers teaching in classrooms, using materials developed for teaching.
「従来から、日本語の教授は教えるために開発された教材を用いて、教室で教える教師に頼っている」
【注】using 以下は「〜して」の意味を表す分詞構文

(2) **Teaching Japanese** abroad is popular among the young.
「外国で日本語を教えることは若者の間で人気がある」

ある種の名詞 (たとえば次の (3) の idea、(4) の thought など) は〈the＋名詞＋of＋動名詞〉の形で名詞句を作りますが、〈the＋名詞＋of＋動名詞〉の形はとらないものがあります。また、(5) の chance のように、動名詞あるいは to 不定詞のどちらでも後置修飾ができる名詞もあります。

(3) She hates **the idea** *of getting old*. 〔*the idea *to get old*〕
「彼女は歳をとると考えることが大嫌いだ」

(4) **The thought** *of failing* in business never entered my head. 〔*The thought *to fail*〕
「事業に失敗するという思いはまったく私の頭にはなかった」

(5) They had **a good chance** *of winning* / ***to win*** the game.
「彼らは試合に勝つ十分なチャンスがあった」

5-5 分詞が付いてできる名詞句

　現在分詞および過去分詞は、名詞の前または後ろに付いて(名詞を修飾して)名詞句をつくります。分詞が単独で名詞に付く場合は、ふつう名詞の前に置かれますが、後ろに置かれる場合もあります。ほかの語句を伴う場合には必ず名詞の後ろにつきます。

1　単独で名詞を修飾する分詞

　名詞を修飾する現在分詞・過去分詞は、単独で用いられる場合は、下の(1)(2)のように、その名詞の前に付けるのがふつうです。ただし、(3)(4)のように後ろに付ける用法もあります。

(1) Can you see ***the* waiting *bus*** (≒ ***the* bus** that is waiting)?
　「待っているバスが見えますか」
(2) I've got ***a* broken *heart*** (≒ ***a* heart** that has been broken).
　「私は失恋してしまった」
(3) She is one of ***the best singers*** going.
　「彼女は当代切っての歌手のひとりである」
(4) ***The students*** questioned (≒ ***the students*** who were **questioned**) gave different answers.
　「質問された生徒たちはまちまちの答えを言った」

　(1)の waiting は現在分詞ですが、a waiting room (待合室 ≒ a room for waiting) の waiting は動名詞です。(3)は〈the ＋形容詞の最上級＋名詞＋ going〉の形で用いられて、「当代きっての〜」といった意味を表す慣用表現です。going は今では現在分詞より

も形容詞とされています。単独の分詞の後置修飾の例はほかに次のようなものがあります。

(5) There wasn't ***any person*** objecting.
「反対している人は一人もいなかった」
(6) Most of ***the people*** singing were students.
「歌っている人の大半は学生だった」
(7) This is ***the only place*** left.
「ここが残っている唯一の場所です」
(8) We are pleased with ***the people*** selected.
「私たちは選ばれた人たちに満足している」

2　他の語句を伴って名詞を修飾する分詞

現在分詞・過去分詞がほかの語句を伴って名詞を修飾する場合には、ふつうその名詞の後に付きます。したがって、次の (1b) (2b) のような英文は誤用とされています。ただし、実際には (3) のような表現はよく見受けられます。

(1) a. Look at ***the girl*** playing the violin.
　　b. *Look at ***the*** playing the violin ***girl***.
「バイオリンを弾いている女の子を見てごらん」
(2) a. I have to repair ***the window*** broken last night.
　　b. *I have to repair ***the*** broken last night ***window***.
「昨夜割れた窓を修理しなくてはいけない」
(3) Sadly, not all of ***the*** baseball playing ***boys*** lived long and reasonably successful lives.
「残念なことに、野球をする少年たちのすべてが長生きをして、成功した人生を送ったわけではなかった」

第5章 名詞に代わるもの

(1a)(2a) は次のように関係代名詞を用いて言い換えることもできます。関係代名詞を用いて名詞を修飾する形については次に検討します。

(1a') Look at ***the girl*** who is playing the violin.
(2a') I have to repair ***the window*** that was broken last night.

閑話休題

助動詞の "must" が名詞として使われることはご存じでしょうか。

Promptness on the job is **a must**.
「仕事をてきぱきやることが<u>絶対必要なことだ</u>」
Kyoto is **a must** for foreign tourists.
「京都は外国人旅行者には<u>ぜひ訪れるべき場所だ</u>」

また、この must は形容詞にも使われます。

This is a **must** book if you want to study Japanese literature.
「日本文学を学びたいのなら、これは必読書（<u>必ず読むべき本</u>）です」

5-6 関係詞が付いてできる名詞句

　関係詞については学校文法でうんざりするほど教えられてきたと思っている人もいることでしょう。ここではそうした退屈な説明を繰り返すことはせずに、〈S + V〉の構造を持つものが名詞を修飾してつくる名詞句（関係詞節がつくる名詞句）という観点から、注意事項だけにしぼって目を通していくことにします。

(1) *The girl* who / that spoke to me was Jane.
　　「私に話しかけた少女はジェーンだった」
(2) *The girl* whose hair was blonde was Jane.
　　「髪がブロンドの少女はジェーンだった」
(3) a. *The girl* to whom I spoke was Jane.
　　b. *The girl* who(m) / that I spoke to was Jane.
　　c. *The girl* I spoke to was Jane.
　　　「私が話しかけた少女はジェーンだった。」
(4) *The roof* which / that was damaged has been repaired.
　　「損傷を受けた屋根はもう修繕された」
(5) *The house* whose roof / the roof of which was damaged is Mike's.
　　「屋根が損傷を受けた家はマイクの家だ」
(6) a. *The roof* which / that he has repaired was damaged last week.
　　b. *The roof* he has repaired was damaged last week.
　　　「彼が修繕を終えた屋根は先週損傷を受けたのだった」

　上の例文はすべて関係代名詞の導く節が名詞を限定するように

用いられているもので、これを「関係詞の限定［制限］用法」と呼ぶことはご存知でしょう。たとえば、(1) では"その少女"とは"私が話しかけた (その) <u>少女</u>"と限定されています。限定用法で頻繁に用いられるのは that です。that は (2) (5) のような所有格を除いて、先行詞が「人」でも「物・事柄」であっても無関係に使うことができます。

　目的格を表す whom は今では who のほうが好まれ、特に口語では who を使うのがふつうです。whom は (3a) のような形は形式ばった言い方で、主として文語で使われます。(3b) のような前置詞を伴わない目的格の関係代名詞は (3c) のように省略した形で使うのが最も一般的です。(6a) も (6b) のように目的格の関係代名詞は省略します。

　疑問文でも次の (7b) のように whom を使っていたものが、(7a) のように who に取って代わられつつあります。(7b) は極めて形式ばった言い方です。

(7) a. **Who** did you speak **to** just now?
　　b. **To whom** did you speak just now?
　　　「さっき誰に話しかけたのですか」

　所有格の関係代名詞 (5) の場合、whose はもともと先行詞が「人」のときにだけ用いられると考えている人が多いからか、whose を避けて the roof of which のように言う傾向があります。

　関係代名詞 what は〈名詞＋（他の）関係代名詞〉の働き、すなわち〈the thing(s) which/that〉の働きをします。したがって、関係詞 what 節は名詞節をつくります（☞ 5-7）。

(8) **What I said** (≒ The things that I said) made her angry.
　　「私が言ったことを聞いて彼女は怒った」

限定用法の関係代名詞がつくる名詞句（＝〈名詞句＋関係詞節〉）や what 節は名詞と同じ働きをするので、文の主語（(1)〜(6)(8)）のほか、次のように目的語や補語になることができます。

(9) I know ***a girl*** **who speaks Spanish fluently**. 〔目的語〕
「私はスペイン語を流暢に話す少女を知っている」
(10) That is just **what I wanted to say**. 〔補語〕
「それこそまさに私が言いたかったことです」

関係代名詞にはもう1つの用法、すなわち「非限定［継続的］用法」があります。**非限定用法は先行詞を補足・説明するために用いられます**。"先行詞、つまり関係代名詞以下..."という、いわば同格的な関係になります（「同格」については 5-8 で見ていくことにします）。次の2つの例を比べてみましょう。

(11) The editor read several novels, and she recommended ***the novel*** **that had the highest quality**.
「編集長は数冊の小説を読んで、最も質の高い小説を推薦した」
(12) The editor read a novel. Later, she recommended ***the novel***, **which had a high quality**.
「編集長は一冊の小説を読んだ。後に彼女はその小説を推奨した。高い質を持っていたからである」

（11）は限定用法です。数冊読んだ小説の中から一冊だけが推薦されました。その小説は that had the highest quality という関係詞節で「限定」されています。一方、（12）は非限定用法です。ここでは小説は一冊だけですので、which had a high quality は the novel を「限定」してはいません。単にその小説についての情報を付け加えているだけです。非限定用法では、〈先行詞＋カン

マ(,)＋関係代名詞...〉という形をとるのがふつうです。

(11)では、この文の読み手は the novel that had the highest quality のことは初めて知った、すなわち「新情報」です。(12)では、その小説はすでにその前の文において a novel と言及されており、読み手にとっての「既知情報」です (☞ 1-0)。したがって、関係代名詞は「**限定用法：非限定用法 ＝ 新情報：既知情報**」の相関があることがわかります。

(12)のように先行詞の後に継続して用いる形のほかに、次の(13)のように文中に挿入する形があります。

(13) ***Elvis Presley*, who died in 1977,** is often referred to as "the King of Rock and roll."
「1977年に亡くなったエルヴィス・プレスリーは、しばしば『ロックンロールの王様』と呼ばれている」

(13)を次の(14)のように限定用法にすると、妙な意味になってしまいます。

(14) ? ***Elvis Presley* who died in 1977** is often referred to as "the King of Rock and roll."
?「1977年に亡くなったほうのエルヴィス・プレスリーはしばしば『ロックンロールの王様』と呼ばれている」

会話などにおいてはそもそもカンマは使えませんが、イントネーションやコンテクストなどで(14)の和訳のような意味ではないことは容易にわかります。文語においては非限定用法ではカンマを入れるのが正用法ですが、実際には誤解の恐れがない場合など、カンマのない例も見かけます。例外を見ていくとキリがありませんので、本書ではなるべく正用法にこだわっていきます。

関係詞には関係代名詞のほかに関係副詞があります。これも先行詞を後置修飾して、名詞句をつくる働きをします。これまでの名詞句と同様に、主語・目的語・補語の働きをします。

(15) ***The town*** **where he was born is on the Sea of Japan.**
「彼が生まれた町は日本海沿岸にある」　　　　　　　〔主語〕

(16) **I remember** ***the day*** **when I first saw her.**　〔目的語〕
「私は彼女と最初に会った日を覚えている」

(17) **A post office is** ***a place*** **where you can buy stamps, send letters and parcels, etc.**　〔補語〕
「郵便局は切手を買ったり手紙や小包などを送ったりすることができる所である」

関係副詞は次の (16)(17) のような場合は先行詞を省略することができます。(これらの例では省略するのが一般的です)

(18) **That is (*the point*) where we don't agree.**
「そこが私たちの意見が一致しない点だ」

(19) **I want to know (*the reason*) why she had to go.**
「彼女が去らねばならなかった理由を知りたい」

先行詞が省略された場合、関係副詞は疑問接続詞や疑問副詞と考えることもできます。そうすると、たとえば (19) I want to know why she had to go. は「彼女がなぜ去らねばならなかったのか知りたい」といった訳出も考えられます。

つねに先行詞をとらない how のような関係副詞もあります。

(20) **This is how my mother used to cook the fish.**
「こんなふうにして母はその魚を料理したものです」

5-7 名詞節の働き

「節」(〈S + V〉の構造があるもの)には、「句」同様いろいろな働きがありますが(前節で見た関係詞節は what 節を除き形容詞の働き(=形容詞節)でした)、名詞の働きをする節を**名詞節**と言います。名詞節は接続詞によって導かれ、**名詞句と同じように、主語・目的語・補語になることができます。**

名詞節をつくる接続詞の代表は that です。というよりも that 以外には whether と if だけです。

1 that がつくる名詞節

では、まず that の例を見ていくことにしましょう。

(1) **That *they are happy together*** is obvious. 〔主語〕
≒ ***It*** is obvious (**that**) *they are happy together*.
「彼らがともに幸せであることは明らかだ」
(2) I didn't know (**that**) *she is a lawyer*. 〔目的語〕
「私は彼女が弁護士だとは知らなかった」
(3) He made *it* clear **that** *he would never give up*. 〔目的語〕
「彼は決してあきらめないことを明確にした」
(4) The fact is (,) (**that**) *she comes from Brazil*. 〔補語〕
「実は彼女はブラジル出身である」

to 不定詞のところ(☞ 5-3-1 (1))で説明しましたが、(1)のように that 節でつくられた名詞節も主語として文頭に置くことは避け、形式主語である it を文頭に置いて、that 節は後ろにまわすのがふつうです。この場合、that が省略されることがあります。

目的語になる場合、that はしばしば省略されますが、文語でよく使われる admit, announce, inform, maintain, object, realize, reply, shout などの動詞の後では省略されないのがふつうです。

(3) は SVOC の構文ですが、O(目的語)にあたる that 節が長いので形式目的語の it を用いて that 節を後ろにまわした形です。形式主語の場合と異なり、that を省略することはありません。

(4) のように The fact / truth / reason is ... に続く場合には、that はよく省略されます。

また、that には名詞の後に置いて、その名詞の内容を説明する働き——これを「同格」と呼びます——もありますが、同格は次の 5-8 で取り上げることにします。

2 　whether / if がつくる名詞節

次に whether と if です。whether も if も名詞節をつくる場合には意味はほぼ同じですが、whether の場合には主語・目的語・補語のいずれにも用いることができます。

文頭の If はふつう条件を表す副詞節をつくりますから、下の (2b) のように文頭に置いて主語として用いることはできません。しかし、形式主語の it を用いた (2a) のような文は成立します。(この if を whether に置き換えることも当然できます)

(1) **Whether *he will come with us*** is still uncertain.　〔主語〕
　≒　***It*** is uncertain **whether *he will come with us***.
　「彼が私たちといっしょに来るかどうかは未だはっきりしない」

(2) a.　***It*** doesn't matter **if *she wins or loses***.　〔主語〕
　　　「彼女が勝とうが負けようが問題ではない」
　　b.　***If *she wins or loses*** doesn't matter.

動詞の目的語には次の(3)(4)のように whether 節も if 節も用いることができますが、(5)のように**前置詞の目的語に用いることができるのは whether 節だけ**です。

(3) You can tell **whether/if** *an egg is bad* by its smell.
「卵が腐っているかどうか匂いをかげばわかる」〔目的語〕
(4) I asked him **whether/if** *he had seen the movie*.〔目的語〕
「その映画を見たことがあるかどうか彼にきいた」
(5) Your success depends on **whether** *you try hard*.
「あなたの成功はあなたが努力するかどうかによる」〔目的語〕

whether 節は補語としても用いられますが、if 節は非常にくだけた文体の場合に時として用いることができる程度です。みなさんが自分から用いるのは避けたほうがよいでしょう。

(6) The question is **whether/if** *you can prepare it*. 〔補語〕
「問題はきみがそれを用意できるかということだね」

5-8 いろいろな同格

　名詞句・節がほかの名詞句・節と並列され、一方が他方を説明または限定する場合、これらの関係を「**同格**」と呼びます。同格にはいくつかのパターンがあります。

1　名詞句＋（of／or／namely／that is（to say））＋名詞句

　〈名詞句 A ＋名詞句 B〉の形で、後者が前者を説明したり、限定したりします。**限定する名詞句 B を「同格語句」、限定を受ける名詞句 A を「主要語句」**と呼ぶことがあります。

　下の例では太字部分が主要語句、斜体部分が同格語句を示しています。(1)のようにカンマのない場合と、(2)(3)のようにカンマのある場合、さらには(4)のようにハイフンを用いる場合があります。また、(5)のように〈名詞句 A ＋ of ＋名詞句 B〉や(6)のように〈名詞句 A ＋ or ＋名詞句 B〉が同格を表す場合があります。(7)のように同格語句が主要語句と分離されている場合もあります。さらに(8)では「すなわち」の namely や that is (to say) を用いて同格を表しています。(9)のように関係代名詞の非限定用法が同格関係を示すこともあります（☞5-6）。

　これらの使い分けは厳密に文法的な決まりがあるわけではありません。文体やリズムなども含めて、書き手の気分などによって選択されるものでしょう。

(1) What is the English word for **the Japanese word** *"sakura"*?
　「日本語の『さくら』を表す英語は何ですか」

(2) **Ms. Honda**, *our music teacher*, has a very beautiful voice.
「音楽の教師の本田先生はとても声が美しい」

(3) The article appeared on **the News Week**, *a famous magazine published in the United States.*
「その記事は合衆国で発行されている有名な雑誌の『ニューズウィーク』に掲載された」

(4) We were lying on **the field** — *a large, grassy field*.
「私たちは野原——大きな草の茂った野原——に寝そべっていた」

(5) His family began to live in **the City** *of New York*.
「彼の家族はニューヨーク市［ニューヨークという市］に住み始めた」

(6) Katsushika Hokusai was a great painter who lived in **Edo** *or present Tokyo* more than one hundred fifty years ago.
「葛飾北斎は150年以上前に江戸すなわち現在の東京に住んでいた偉大な絵師だった」

(7) **The boy's birthday present** lay on the table, *a video game made in Japan*.
「その男の子の誕生日のプレゼントがテーブルに乗っていたが、それは日本製のビデオゲームだった」

(8) I introduced **two boys**, *namely / that is (to say)*, *Bob and Tom*.
「私は二人の男の子、つまりボブとトムを招待した」

(9) **Ted Johnson**, *who is a famous author*, will be coming here next week.
「(彼は)有名な作家ですが、テッド・ジョンソンは来週当地に来られる予定です」

同格と冠詞の関係はよく問題になりますので、ここでふれてお

くことにしましょう。

　血縁・身分・資格・職業・官名のような肩書き的なものは一般に無冠詞です。

(10) **Edward,** *nephew to Mrs. Smith*　〔血縁〕
　　　「スミス夫人の甥のエドワード」
(11) **Mr. Hardy,** *chairperson of the committee*　〔身分・資格〕
　　　「委員会の議長であるハーディ氏」
(12) **Kennedy,** *President of the United States*　〔官名〕
　　　「合衆国大統領ケネディ」

　定冠詞を付ける場合は、同格語句（名詞句B：下の斜体字部）のほうが強調されるか、特定のものを示します。

(13) **Mr. Gates,** *the Secretary of State*
　　　「国務長官ゲーツ氏」
(14) **Dr. Yukawa,** *the Japanese physicist* (who won the Nobel Prize)　〔特定〕
　　　「（ノーベル賞を受賞した）日本人物理学者湯川博士」

2　名詞句＋名詞節／名詞節[文]と名詞句

　〈名詞句＋名詞節〉の形で、名詞節が同格語句になっていて、前の名詞句を説明・限定している同格関係があります。この名詞節をつくるのは主として that 節です。(3)のように同格の節がカンマで区切られている場合もあります。

(1) Is there **any proof** *that the money was yours*?
　　　「そのお金があなたのものだったという証拠がありますか」

(2) We came to **the conclusion** *that both of you were mistaken*.
「あなたたち二人とも誤解していたという結論に達しました」
(3) **His argument,** *that the earth was round,* was considered absurd.
「地球が丸いという彼の主張は馬鹿げていると考えられた」

すべての名詞の後に that 節の同格が続くわけではありません。たとえば、次の (4a) のように picture は that 節とは同格にならない名詞なので、(4b) のように of を使わなくてはなりません。

(4) a. *Look at **the picture** *that children are playing soccer*.
   b. Look at **the picture** *of children playing soccer*.
   「子どもたちがサッカーをしている絵を見てごらん」

同格の〈名詞句＋ that 節〉と非常に紛らわしいのが〈名詞句＋ that で導かれる関係詞節〉です。念のために、これらの違いを確認しておきましょう。

(5) When did you know **the fact** *that he had told it to her*?
「彼がそれを彼女に話したという事実をいつ知りましたか」
(6) When did you know **the fact** *that he had told her*?
「彼が彼女に話したその事実をいつ知りましたか」

(5) では、that 節の中はこれ自体で完成した文です。つまり主語・目的語などが欠けている文ではありません。この場合、that は関係代名詞ではなくて同格の接続詞になります。
　一方 (6) では、that 節の中は he had told her だけでは文として成り立ちません。動詞 tell は〈SVOO〉の文型をとり、〈tell ＋

相手＋伝える内容〉となるからです。ここでは、伝える内容にあたる the fact（二番目の O（直接目的語））が先行詞となって前に出て、後ろから that he had told her が修飾する——つまり that はここでは目的格の関係代名詞の働きをしているのです。

次に、that 節を同格語句とする主な名詞を、おおまかな意味のグループ別にあげておきましょう。

- **事実・事態：**
  advantage「利点、長所」　　agreement「同意、賛成」
  condition「条件、状況」　　danger「危険(性)」
  difference「相違、違い」　　evidence「証拠、証明」
  exception「期待、予期」　　ground「根拠、理由」
  information「情報、知らせ」　law「法律、決まり」
  mistake「誤り、間違い」　　news「ニュース、知らせ」
  point「ポイント、要点」　　possibility「可能性」
  principle「原理、原則」　　result「結果」
  sign「印し、兆、兆候」　　truth「真実、真理」
  understanding「理解」

- **思考・陳述：**
  argument「議論、論争」　　belief「信仰、信念」
  comment「コメント、意見」　effect「影響、結果」
  hope「希望、期待、望み」　idea「考え、意見、思い」
  knowledge「知識、情報」　　mind「心、考え、精神」
  notion「概念、考え(方)」　　opinion「意見、考え」
  order「命令、注文」　　　　promise「約束、取決め」
  story「物語、記事」　　　　thought「考え、思いつき」
  word「約束」

- 感覚・判断：
  anxiety「心配、懸念」　　　　assumption「前提、仮定」
  confidence「自信、確信」　　　conviction「確信、信念」
  feeling「感じ、気持ち」　　　　guess「推測、推論」
  impression「印象、感じ」　　　observation「観察、知覚」
  pride「誇り、矜持、高慢」　　　realization「認識、理解」
  recognition「認識、承認」　　　supposition「仮定、想定」

that 節以外では whether 節も同格を導きます。単独で名詞節をつくる場合は whether と if を交換できることがほどんどでしたが (☞ 5-7-2)、同格の場合、whether を if に換えることはほとんどありません。下の (7) はその非常にまれな例です。どちらも「〜かどうかという〈名詞〉」となります。つまり、主要語句になる名詞は question, inquiry などに限られます。

(6) To **the question *whether he had known the fact***, he replied, "No, I haven't."
「その事実を知っていたかどうかという質問に、彼は『いや知らなかった』と答えた」

(7) He repeated, in his pretty broken English, **the inquiry *if I had any business there***.
「彼はかなりあやしげな英語で、私がそこに何か用があるのかどうかという質問を繰り返した」

以上のほかに、名詞句を用いて、次の (8)(9) のように先行する名詞節や文の内容をまとめて説明する同格表現があります。

(8) She's got **what she really wants, *that is, a family***.
「彼女は本当に欲しいもの、つまり家族を持っている」

(9) Naturally **I left the letter unanswered** — *the only way to keep myself from their company*.

「当然のことながら手紙の返事を出さなかった——それが彼らとの縁を切る唯一の手段だったのだ」

【注】their company「彼らとの付き合い」

この 5-8 の最後に、次のような日本語を英訳してみましょう。私たちが意識していない日本語の同格表現が含まれています。

(1) 近所の坂本さんの奥さんは私たちによくしてくれます。
   Mrs. Sakamoto, *one of our neighbors*, is kind to us.
(2) 彼女は昨日故郷の福井へ帰って行った。
   She went back to **her hometown** — *Fukui*.
(3) 私は彼が必ずやって来るというほうに賭けたいと思う。
   I'll bet on **the possibility** *that he will surely come*.
(4) それをうまくやってのける自信がない。
   I don't have **confidence** *that I can manage it easily*.

When did you know the fact that he had told it to her?

『第5章　名詞に代わるもの』の底力

　この章を終えて、名詞に代わるものには実にさまざまなものがあることがわかるかと思います。それはとりもなおさず、名詞が準動詞、関係代名詞、接続詞などの他の文法事項と密接な関わりを持っていることを示しています。したがって、私たち英語学習者はつねに鳥瞰的な視点（a bird-eye's view）を持って英文法を学習するべきだと言うことです。

　もちろん、それぞれの文法事項の細かいルールを正確にマスターするという虫瞰的な視点（a worm-eye's view）を持つことも同じよう重要であることは言うまでもありませんが。

第6章

名詞を他の品詞として、
他の品詞を名詞として

この章では「名詞 → 他品詞、他品詞 → 名詞」の仕組みを見ていきます。名詞が単にモノの名前を表すだけにはとどまらず、形容詞、副詞としても働くことなど、反対に他品詞が名詞のように使われることなどを検討します。

6-0 名詞から他品詞へ、他品詞から名詞へ

　ある品詞がほかの品詞の働きをしたり、ほかの品詞になったりすることが、ときどき生じます。

　たとえば、a baseball game（野球の試合）、a passenger liner（客船）などの baseball, passenger はそれぞれ後の game, liner を修飾しているので、一種の形容詞と考えることができます。また、alien や thoroughbred などはもともと「外国の、よその」、「純血種の」という形容詞だったものが、「外国人」、「サラブレッド（純血種の馬）」と、名詞としても使われるようになりました。

　逆もまた真なりです。たとえば、always, homewards といった語は昔はまったくの名詞だったものですが、それらは現在では副詞としてしか使われていません。**こうした例は枚挙にいとまがありません。**

　ここでは、こうした他品詞への転換、すなわち名詞が他の品詞として使われる用法、他品詞が名詞化して名詞として使われる用法を検討していきます。

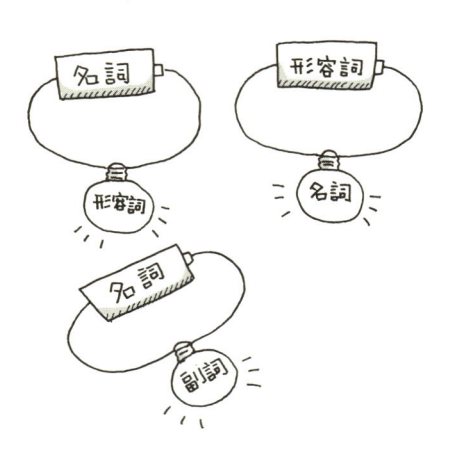

6-1 形容詞的に使われる名詞

　形容詞には、a red flower（赤い花）のように名詞について限定的に修飾したり（限定用法）、This flower is red.（この花は赤い）のように補語として名詞の状況や性質を述べる用法（叙述用法）があります。名詞にも同じように、形容詞的に使われる用法があります。基本的には修飾する名詞の前に置きますが、名詞の後に置く例もあります。ここでは名詞のこうした形容詞的用法について調べていくことにしましょう。

1　名詞A＋名詞B

　〈名詞A＋名詞B〉の形で、名詞Bを修飾している名詞Aを、名詞とみるか形容詞とみるかについては文法家の間でも意見が分かれるところです。またその名称も種々あります。しかし名詞Aが名詞Bを修飾していることには変わりはありませんので、ここでは形容詞的に使われる名詞として検討していくことにします。

(I)　種類・材料などを表す名詞 ＋ 被修飾名詞
　〈名詞A＋名詞B〉の形において、名詞Aが名詞Bの種類・材料を表す場合があります。もちろん冠詞が付く場合は、純粋の形容詞同様、名詞Aの前に置かれます。

(1) How many kinds of **paper** money are issued in Japan?
　　「日本では何種類の紙幣が発行されていますか」
(2) Is there a **grocery** store around here?
　　「このあたりに食料雑貨店はありますか」

この用法は最もよく見かける用法の1つでしょう。次にいくつか例をあげておきましょう。

>　the speed limit「速度制限」　　an iron rod「鉄の棒」
>　a deer hunter「鹿猟師」　　　　Sunday school「日曜学校」
>　London Bridge「ロンドン橋」　　a book review「書評」
>　a flower garden「花園」　　　　a race horse「競走馬」

(II) and や or によって結びつけられ、形容詞と並置される場合
【注】以下の例では斜字体が形容詞

(1) She had several *intimate* and **bosom** friends.
「彼女は数人の親しい友人がいた」

(2) This is the **evening** and *weekly* paper that I take.
「これは私が購読している夕刊の週刊紙である」

(3) There were only some *lonely*, **stone** houses in the village.
「その村には数軒の人気のない石造りの家しかなかった」

(1)と(2)では名詞と形容詞の順番が逆になっています。ときには(3)のように接続詞を用いない場合もあります。以下に(1)〜(3)の類例を列挙しておきましょう。(3')の例はいずれも形容詞と並置されているので形容詞という感じを与えています。

(1') her **Christian** and **family** name「彼女の姓名」
　　　political or **business** ingenuity「政治上または事務上の創意」
　　　the *postal* and **telephone** services「郵便電信制度」

(2') the **London** and *American* publishers
　　　「ロンドンとアメリカの出版社」
　　　the **Amazon** and *tropical* rainforests
　　　「アマゾンおよび熱帯の雨林」

(3') a *gentle*, April sky「おだやかな四月の空」
the **town** *young* ladies「街の若いご婦人たち」
an **evening** *radical* newspaper「急進的な夕刊紙」

(Ⅲ) 名詞の代用の"one"と共に用いる場合
(1) The house was a **four story** one.
「その家は4階建てだった」
(2) He is a gentleman, but evidently no **city** one.
「彼は紳士ではあるが、都会の紳士でないのは明らかだ」

　名詞の代用をする one は形容詞を伴って用いるのがふつうですので、上のような例は特に形容詞のような感じがします。

(Ⅳ) 副詞によって修飾される場合
(1) It was a ***purely* family** gathering.
「それは純粋に家族的な集まりだった」
(2) The schedule was cancelled on a ***merely* business** ground.
「スケジュールは単に仕事上の理由で取りやめになった」

　形容詞を修飾するものは基本的には副詞です。したがって、purely, merely という副詞で修飾されている family, business は限りなく形容詞に近いと感じられるでしょう。実際、business には名詞のほかに形容詞の地位を与えている辞書もあります。
　また、次の(3)のように比較を表す more などで修飾される場合もあります。(3)の country は country music（カントリー音楽）という音楽の一分野を意味しています。

(3) This song of his has a ***more* country** tone than the others.
「彼のこの歌には他の歌よりもカントリー（音楽）ぽい調子がある」

(V) その他の注意すべき用法

〈名詞 A ＋名詞 B〉の複合語において名詞 B が省略されて、名詞 A だけで複合語と同じ意味を表す場合があります。

(1) He had only <u>a **copper**</u> (＝a **copper** coin) left in his pocket.
「彼のポケットには銅貨1枚しか残っていなかった」
(2) Have you bought <u>a **return**</u> (＝a **return** ticket)?
「あなたは往復切符を買ったの？」

さらにいくつか例をあげておきましょう。

rubbers (＝rubber overshoes)「ゴム靴」
a straw (＝a straw hat)「麦わら帽子」
soda (＝soda water)「ソーダ水」
a water(-)color (＝a water-color painting)「水彩画」

2　形容詞に相当するその他の用法

そのほかに、(I) 補語を表す形容詞と同じ働きをするもの、(II) 名詞を修飾するものがあります。

(I) 補語の働きをする例

(1) When he was (*of*) **my age**, he had written some books.
「私の年頃には、彼はすでに数冊の本を書いていた」
(2) The bear was almost **the same size** as this rock.
「熊はこの岩とほとんど同じ大きさだった」
(3) The earth is (*in*) **the shape of an orange**.
「地球はオレンジの形をしている」

(4) His face was (*in*) **the color of chalk**.
「彼の顔には血の気がなかった」

このタイプは（　）に入っている前置詞が省略されたものと考えることもできます。また、年齢・大小・形・色などを表す例が多いです。

(II) 名詞を修飾する例
(1) I met a girl **about your age** there.
「私はそこであなたと同じ年ごろの女の子に会った」
cf. **The girl** I met there was **about your age**. 〔補語〕
「私がそこで会った女の子はあなたと同じ年頃だった」
(2) Her eyes, **a deep green**, were very attractive.
「彼女の深い緑色の目がとても魅力的だった」

(II) は (I) に比べて例は少ないです。上の2例とも、名詞を後ろから修飾する後置修飾の例となっています。(2) の a deep green のような用法は色を表す語の前に deep, dark, pale のような修飾語を伴った場合にだけ可能な用法です。

6-2 副詞的に使われる名詞

nowadays, always, else, once, twice, hence, backwards, afterwards, homewards などは今では副詞として用いられていますが、もとをたどれば名詞が格変化したものです。これらはもともと名詞の属格、つまり所有格でした。昔は英語の名詞も「格」にしたがって語形が変化したのです（☞ 詳しくは6-3を参照）。

したがって、名詞が副詞の働きをするのは歴史的に見てもごく当たり前であることがわかるでしょう。

では、副詞的に用いられている名詞の例を、その働きによって、(I) 程度、(II) 時、(III) 場所、(IV) 様態の5つに分類して見ていくことにしましょう。副詞は単独で用いられるほか、形容詞、他の副詞、動詞などを修飾します。

(I) 程度を表す場合
(1) You're **five years** *my senior.*
「あなたは私より5歳年上だ」
(2) The sea went **mountains** *high.*
「海は山のような波が立った」
(3) The stream was **knee** *deep.*
「流れはひざの深さだった」

(1)〜(3)はいずれも斜体字の形容詞を修飾しています。(1)は You're five years older than me. と同じ意味で、five years は older という形容詞を修飾していると考えられます。したがって、(1)でも副詞的な働きをしているのです。(2)の mountains は high、(3)の knee は deep という形容詞を修飾しています。

(4) I got up **two hours** *earlier* than usual.
　「私はいつもより2時間早く起きた」
(5) My hometown is **five hundred miles** *away*.
　「私の故郷は500マイル離れている」
(6) She never *cared* **a straw** about you.
　「彼女はきみのことをちっとも気にかけていなかったよ」

　(4)の two hours は earlier、(5)の five hundred miles は away という副詞を修飾しています。(6)の a straw は cared という動詞を修飾しています。なお、a straw は主に否定文や疑問文で用いられて「少しも… ない」の意味になります。

(II) 時を表す場合
(1) She came *this* morning.
　「彼女は今朝やって来た」
(2) I'm pretty busy *these* days.
　「最近はとても忙しい」
(3) The game will be played *on Saturday* week.
　「試合は来週の土曜日に行われる」
(4) He left for Poland *yesterday* week.
　「彼は先週の昨日ポーランドに発った」
(5) We'll have an examination in physics *this day* week.
　「私たちは来週の今日物理の試験がある」

　(1)(2)のように this, these あるいは next などの語の後に「時」を表す名詞の day, week, month, morning などが来た場合、それらは副詞として扱われるのがふつうです。(3)〜(5)の week は少し注意が必要です。ここでの week は単独で副詞的な働き(その前にある on Saturday / yesterday / this day などの副詞(句)

を修飾)をしています。この week は文脈によって(4)のように「先週」にも、(5)のように「来週」にもなります。これらは主にイギリス英語の用法です。アメリカ英語では today last [next] week「先週 [来週] の今日」などと言います。

(III) 場所を表す場合
(1) We used to live ***next* door** to the Smiths.
   「私たちはかってスミス一家の隣に住んでいた」
cf. We used to live in the house ***next* door** to the Smiths.
   「私たちはかってスミス一家の隣の家に住んでいた」
(2) The canal ran **north and south**.
   「運河は南北に通じていた」

(1)は(II)の場合と同じように、next の次に名詞 door が来て、あわせて副詞として使われています。cf. のように言えば前の名詞 (the house) を修飾する形容詞として働きます。

(IV) 様態を表す場合
(1) I have always wanted to fly **first-class**.
   「私はいつもファーストクラスで飛びたいと思ってきた」
(2) I heard the news **second hand** from my cousin.
   「私はその知らせをいとこからまた聞きした」

(1)は fly by first class と前置詞 by を入れることもあります。(2)は heard the news at second hand と前置詞 at を入れることもあります。こうなると完全に副詞としてのイディオムと考えられます。

6-3　昔は名詞だった副詞

　前項で少しふれましたが、昔は英語の名詞は多くの「格」をもち、それらの格に応じて語形変化をしました。そして属格・与格・対格には副詞的な用法がありました。しかし現代英語においては、属格以外はすべて、格の変化を示す語尾が消失してしまって、与格・対格の副詞的用法は語形の上からは判断することができません。たとえば、I went *home.* の home は home という名詞の対格の副詞的用法でしたが、それが次第に副詞としても用いられるようになったものだと言われています。ですから、学校などで、home は名詞ですか副詞ですかという質問がよくなされるのは実は自然なことなのです。

　ここで、名詞の「**格**」(case) についてお話ししておきましょう。おおざっぱに言って、①主格＝主語、②属格＝所有格、③与格＝間接目的語、④対格＝直接目的語と考えてよいでしょう。

(1) a.　<u>Tom</u>　gave　<u>Mary</u>　<u>his</u>　<u>new book</u>.
　　　　①　　　　　③　　②　　　④
　　b.　<u>トム</u>は<u>メアリー</u>に<u>彼の</u>　<u>新しい本</u>をあげた。
　　　　①　　　　③　　　②　　　　④

　学校文法などでは、③と④をまとめて目的語［目的格］とし、③を間接目的語、④を直接目的語と呼んでいます。
　(1b) の日本語を見てください。ご存じのように、日本語では「格助詞」(「は・に・の・を」など) が、英語の「格」の役割を果たしています。一見、英語の語順と呼応しているように見えますが、日本語では次のような語順でも文は成立します。

(1b')　メアリーにトムは彼の本をあげた。
　　　　メアリーにあげたトムは彼の本を。
　　　　トムは彼の本をメアリーにあげた。
　　　　トムはあげたメアリーに彼の本を。
　　　　彼の本をトムはメアリーにあげた。
　　　　彼の本をメアリーにトムはあげた。
　　　　あげたトムはメアリーに彼の本を。
　　　　あげたメアリーにトムは彼の本を。

　ほかにもあるかもしれませんが、こうした語順の融通無碍ぶりはひとえに格助詞のおかげです。英語では (1a) の語順を入れ換えて文が成立するのは次の３つぐらいでしょう。最初の文以外はいわゆる強調文の仲間に入る特殊な文です。

(1a')　He gave his new book to Mary.
　　　　? To Mary he gave his new book.
　　　　? His new book he gave (to) Mary.

　こうして見ると、私たち英語学習者が抱えているある問題が浮かび上がってきます。**日本語の語順の「融通無碍ぶり」が英語の語順の理解を妨げている**と考えられるのです。こうした彼我の言葉の相違を学ぶことも、本書の目的の１つです。

6-4 名詞になった他品詞

　日本語の場合、名詞に「〜する」をつけると動詞になる形が大半のようです。「愛」→「愛する」、「勉強」→「勉強する」といった具合です。もちろん、「生きる」「勝つ」「戦う」などはこのグループではありませんが、いずれにしろ、名詞と動詞が同形ではありません。ところが英語の場合には、love、sleep、dress、kill、visit など、名詞と動詞が同じ語形――つまり同じ綴り――であることが多いことをみなさんも感じているでしょう。

1　動詞 ⇄ 名詞

　英語では、もともと名詞であったものが動詞として使われるようになったり、逆に動詞であったものが名詞として使われるようになったりした例が多くあります。

　たとえば、love です。名詞の love の語源は古英語（Old English: 5世紀半ばから12世紀頃）の lufu ですが、それが中英語（Middle English: 1066年のノルマン・コンクエスト以後15世紀後半頃まで）では luve, love と変化しました。一方、動詞の love は古英語の lufian が、中英語では lovein, loven となり、その語尾が消滅して名詞の love と同じ語形になったとされています。

　また、動詞の語尾が消えて、それがそのまま同じ語形で名詞として使われるようになったものもあります。たとえば、kill は古英語の cwellan のおそらく変形である kyllen が、中英語の killen となり、語尾が消えた kill がそのまま名詞としても使われるようになりました。

　以下に動詞⇆名詞で同語形の主な例をあげておきます。

accord, account, blossom, build, care, cut, deal, dress, drink, ebb, embrace, end, fathom, fight, fish, fire, gaze, glance, get, go, kill, know, leap, lie, meet, overwork, pay, play, read, rise, run, set, show, sleep, smell, throw, visit, work

　私たち英語学習者としては、動詞と名詞のどちらが歴史的に先行したのかを知ることはそれほど重要ではありません。**品詞の転換が自由にできるということが英語の特色であることを知ることが大事です。**

　動詞が名詞に転換されたことによって、次のような表現が発展しました。お気づきのように、これらは第4章 (4-3) でお話しした〈軽い動詞＋名詞〉の例ですね。

- have a dance ［quarrel／wait／talk］
- take a walk ［shower／look／bite］
- give a cry ［look／hug／yawn］
- make a bow ［turn／visit／wish］

2　形容詞 → 名詞

　今度は「形容詞 → 名詞」の例を見ていくことにします。先に、英語は品詞の転換が自由な言語であると述べましたが、元は名詞以外の品詞で用いられた語が完全に名詞化するためには、次の2つの条件の少なくとも1つを満たさなくてはいけません。

(I)　複数を表す語尾 -s を付けることができること
(II)　所有格を表す語尾を付けることができること

では、形容詞を上の条件にそって順次見ていくことにしましょう。すべて代表的な例をいくつかあげています。

(1) 複数を表す語尾 -s を付けることができること
- 人間一般を表す語：
  mortals, humans
- 人種を表す語：
  the whites「白人」
  the blacks「黒人」（現在では African Americans が適切）
  Europeans「ヨーロッパ人」 savages「野蛮人」
  natives「先住民」 aliens「外国人、宇宙人」
- 社会的地位を表す語：
  nobles / notables「名士」 equals「同等の人」
  superiors「目上の人」 inferiors「目下の人」
  privates（= private solders）「兵卒」 marines「海兵隊」
- 性を表す語：
  males「男性、男」 females「女性、女」
- 年齢または時代を表す語：
  five-year-olds「5歳児」 grown-ups「大人、成人」
  moderns「現代人」 ancients「古代文明人、古代文明国家」
- 宗派または党派を表す語：
  Christians「キリスト教徒」 Liberals「自由党員」
  Conservatives「保守党員」
- 身体または精神の特色を表す語：
  paralytics「まひ患者」 criminals「犯罪者」 roughs「乱暴者」
  drunks「酔っ払い」
- 人的関係を示す語：
  dears「かわいい人」 beloveds「最愛の人」 likes「同類」

- 抽象概念を表す語：
  absolutes「絶対的なもの」 accidentals「偶然のこと」
  fundamentals「基本、根本」 universals「普遍的なもの」
- 学問・試験を表す語：
  economics「経済学」 mathematics「数学」
  athletics「運動競技」 finals「最終試験」 unseens「応用問題」
- 物質を表す語：
  chemicals「化学薬品」 sweets「甘いもの」 movables「家財」
  necessaries「生活必需品」 goods「財産、商品」 dues「料金」
- 動植物を表す語：
  natives (= native oysters)「英国近海産のカキ」
  greys (= grey horses)「葦毛の馬」 thoroughbreds「サラブレッド（純血種の馬）」 evergreens「常緑樹」
- 服装を表す語：
  academicals「大学の式服式帽」 woolens「毛織の衣服」
  ready-mades「既製服」 blacks「喪服」

思いがけない語が形容詞から名詞に転化して用いられていることがわかるでしょう。

(II) 所有格を表す語尾を付けることができること
(1) It is **the dead's** envy for the living.
　　「それは死者たちの生きている人々への羨望である」
(2) His death was like **an** antique **worthy's** (death).
　　「彼の死は古代の賢人の死のようであった」
(3) Such was **the latter's** confidence.
　　「後者の信頼はこんなものだった」

（1）の〈the ＋形容詞〉は前にも見たように（☞ 5-1）、〈形容詞

+ people〉の意味になります。(2) の worthy は「立派な人、賢人」などの意味をもつ名詞として用いられています。ここでは独立所有格になっていて、後に death が省略されています。(3) の the former, the latter は文語ではしばしば所有格の "'s" をとります。

3　副詞 → 名詞

副詞が名詞化したものがいくつかあります。多くはイディオムとして慣用されています。

(I) once
6-2 でふれたように、once はもともと名詞の所有格（古くは属格）で、副詞的に用いられていました。once が「一度」の意味で、this または that と共に用いられたときは名詞化したものと考えることができますが、意味の上では副詞となっています。同じようなものには、(all) at once（同時に、突然に）、for once / (just) the once（今度だけは）などがあります。

(1) **Once** would be enough.
「一度で十分だろう」
(2) Do it *this* once.
「今度だけはそれをしてください」
(3) *That* once he left the room without greeting us.
「あの時だけは彼は私たちに挨拶しないで部屋を出た」

(II) down
"ups and downs" という形で用いられたときは、up と共に完全に名詞化しています。「有為転変、上り下り」の意味です。口語では次の (3) のように不定冠詞 (a/an) をとる用法もあります。

(1) I have had my **ups and downs** in life.
　　「私も私なりに人生の有為転変を味わってきました」
(2) This is a house of **ups and downs**, isn't it?
　　「この家は階段の多い家ですね」
(3) What is **a down**? A grudge? — Yes. Something of that sort.
　　「down というのは何なんだい？　恨みという意味かい？──ああ、まあそんなところだね」

(III) in と out

" ins and outs "の形で用いられた場合には、名詞化した副詞と考えてよいでしょう。「一部始終、詳細」という意味です。

　　He knew the **ins and outs** of every plot or political event.
　　「彼はあらゆる陰謀や政治上の事件を詳細に知っていた」

(IV) 疑問副詞の場合

次の (1) 〜 (3) では、疑問副詞に the が付いて完全に名詞化しています。the がなくても意味はほぼ同じです。(2) ではさらに複数形の "-s" が付いています。" the why(s) and (the) wherefore(s) "の形で用いられる成句です。

(1) You must tell me **the when and the where**.
　　「時と場所を教えてください」
(2) Teach me **the how and the why**.
　　「その方法と理由を教えてください」
(3) I don't know **the whys and wherefores** of it.
　　「私にはその理由がわかりません」

閑話休題

固有名詞が普通名詞化して使われている例があります。

- atlas「地図帳」：ギリシャ神話のAtlasは、神々に反抗した罰でゼウスによって天空を支えるよう命じられた巨人。
- canary「カナリア」：Canary諸島の鳥というのが原義。
- cashmere「カシミア（織）」：インドのKashmir産のヤギの軟毛で織られた衣類。
- sandwich「サンドイッチ」：賭け事に熱中した英国のSandwich伯爵が、ゲームをしながら食事がとれるようにとつくらせた。

他にもいろいろありますが、日本の「背広」には次のような語源説があります。「Londonの高級洋服店街の"Savile Row"からこの種の服が売り出されたことから、"Savile"がなまって「セビロ」となり、「背広」という漢字が当てられた」。

次は**接続詞が名詞化**した例です。(1)などはしばしば引用されますので、ご存じかとも思います：

(1) But me no **buts**.
「弁解はよせ［つべこべ言うな］」
(2) We have no time for **ifs** and **buts**.
「『もし』とか『でも』とか言って迷っていてはいけない」

(1)にはbutが2つありますが、最初のbutは動詞で、「(人に)『しかし』と言う」という意味です。2番目のbutが名詞で、ふつうはbutsと複数形で「『しかし』という言葉、異議、反対」の意味になります。(2)ではifも名詞化されています。「『もし』とか『でも』、言い訳、屁理屈」などの意味があります。

「第6章 名詞を他の品詞として、他の品詞を名詞として」の底力

　前の第5章では名詞にかわる名詞句、名詞節、準動詞の名詞的用法などを見てきましたが、本章では名詞が他の品詞として使われたり、他の品詞が名詞化されたりしている例を学びました。それらがどの品詞かということは、ほとんど私たちの意識の中には浮かんではこないかもしれません。しかし、他品詞への転換の成り立ちを知ることは、文法をよりよく理解する助けになることと思います。

　また、英語と日本語の違いにも気づかされることがあります。そのこともまた、外国語としての英語を学ぶさいに、とても役立つことでしょう。

第7章
名詞にはまだまだ別の顔がある

　この章では、これまでふれてこなかった「名詞の様相」について調べていきます。単数形と複数形で意味の異なる名詞、名詞の分類が移動することによって、その意味が変わる名詞についてです。それほど多くはありませんが、特にコンテクストとの関係で正確な意味をくみ取る必要があります。

7-0 名詞のその他の様相

　これまで主として文法的な面に重点をおいて、名詞について学んできましたが、本章ではこれまでの１章～６章の中でふれられなかった名詞のさまざまな顔（様相）についてふれておきたいと思います。
　一例をあげれば、名詞の単数形と複数形で意味が異なるものがあります。

　　Lay down your **arms**, or you shall die!
　　「武器を捨てろ、さもないと殺すぞ！」

　上の文の arms は「腕を捨てろ」では意味をなさないことはすぐにわかりますが、ではほかにどんな意味があるのかをやはり知っておく必要があるでしょう。
　また、次は普通名詞が抽象名詞に転化されたことによって意味が異なる例です。これも「彼女はその男性に関する何かを性格に持っている」では意味不明ですよね。

　　She has something of the **man** in her character.
　　「彼女の性格にはどこか男っぽいところがある」

7-1 複数形で意味の異なる語

　英語の名詞には複数形になると単数の場合とは異なる意味を表すものがあります。たとえば、blue は「青（色）」ですが、the blues となると「ブルース（音楽の種類）」や「憂鬱、気のふさぎ」などの意味を表します。**ただし、文脈に注意しないと、複数であっても意味は単数のふつうの意味である場合もあります。**

　以下にそのような名詞の代表的な例をアルファベット順にグループ分けしてまとめました。ただし、複数形では必ずその意味になりますが、単数形でもその意味になる例や、他の意味では不可算名詞になるといった例も若干あります。

—A—

accomplishments「教養」　　acres「地所」
advances「申し出、口説き」　advices「報告」
airs「気取った態度」　　　　allowances「情状酌量」
altitudes「高所」　　　　　　antiquities「古器、古代遺物」
appointments「設備」　　　　arms「武器、紋章」
arrangements「手配、準備」　arts「術策」
attainments「学識、才能」　　authorities「当局、官憲」

　arm の複数形 arms は weapons（武器）の意味です。アメリカの作家 Hemingway の作品に *Farewell to Arms*（武器よさらば）という有名な小説があります。動詞 arm は「武装させる」の意味になります。armament, armed, armor, armory, disarmament など arms からいくつもの単語の意味が連想できます。

第7章 名詞にはまだまだ 別の顔がある

―B―

barracks「兵舎」
bearings「方角、紋章」
bonds「束縛、かせ」
books「会計簿、名簿」
braces「ズボンつり」
brothers [brethren]「同組合員」

baths「浴場、温泉」
blues「ブルース、憂鬱」
bones「骨格、死骸」
bowels「腸、内臓」
brains「知力」
brows「眉毛」

　形容詞 blue から名詞化された blue(s) ですが、形容詞には「憂鬱な」という意味があります。I feel a little bit blue.（ちょっと憂鬱だ）などと使います。blue Monday は「また仕事に行くのか」などと日曜日が終わった後に発せられることばですね。

―C―

cards「トランプ遊戯」
chains「拘束、監禁」
classes「階級」
commons「平民、庶民」
compliments「祝辞」
congratulations「祝辞」
conveniences「衣食住の便」
curls「カールした髪」

casualties「死傷者数」
circumstances「事情、境遇」
colors「絵具、色眼鏡、旗」
communications「報道機関」
concerns「関心事、事件」
contents「目次、内容物」
cords「きずな、束縛」
customs「税関、関税」

　communications は形は複数形ですが、a communications satellite（通信衛星）のように単数の名詞と同じように、名詞の前について後の名詞を修飾できます。「おめでとう！」と相手の成功を祝すときには "Congratulations!" と祝辞を言います。複数形にすることを忘れないようにしましょう。"Congrats!" とくだけた形になっても複数形のままです。

—D—

days「時代、時期」
deposits「積立金」
devices「知恵、意思」
difficulties「財政困難」
directions「指図、訓令」
doings「行動、行為」
downs「不運、逆境」

deeps「深い淵」
depths「深い所」
devotions「祈祷」
dimensions「広がり、大きさ」
disorders「騒動、不穏」
dominions「領土」
drawers「タンス」

days は the good old days（古き良き時代）などでおなじみかと思います。また、drawers は単数形なら「（家具などの）引き出し」の意味ですね。

—E—

earnings「稼ぎ高」
elements「自然力、原理」
engagements「債務」
externals「外形、外観」

effects「動産物件」
embarrassments「財政困難」
excesses「暴飲暴食、乱暴」
extremes「両極端」

—F—

faces「しかめ面」
falls「滝」
favors「(女性の) 愛情」
figures「数字計算」
forces「軍隊、隊」

facilities「便利、設備」
fatigues「作業衣」
features「容貌、顔立ち」
finances「財源、財力」
fruits「収穫、産物」

the American Air Forces は「アメリカ空軍」、the Self-Defense Forces は「自衛隊」です。

―G―H―I―J―K―

- glasses「眼鏡」
- greens「植物、野菜」
- hostilities「戦争行為」
- inches「身長、背丈」
- interest「利益」
- jaws「口部」
- goods「財産、商品」
- heights「高地、高台」
- ills「不幸、災難」
- instructions「訓令、司令」
- irons「足 [手] かせ」
- keepings「保留物」

―L―M―N―O―

- latitudes「地方」
- letters「文学、文筆、証書」
- manners「行儀、風習」
- materials「用具」
- metals「金属詩品」
- morals「倫理、品行」
- movables「動産」
- names「悪口」
- nerves「臆病、憂鬱」
- observations「観察報告」
- odds「差異、賭け率、見込み」
- oils「油絵具」
- laurels「名誉、栄冠」
- lips「口」
- marbles「おはじき」
- merits「手柄、(当然の)賞 [罰]」
- moods「不機嫌、かんしゃく」
- mountains「山脈、沢山」
- movements「物腰、態度」
- necessities「窮乏」
- numbers「楽譜、韻文」
- occasions「用務」
- offices「～所、世話」
- oracles「聖書」

　letters は、He is a man of letters. を「彼は郵便屋さんです」と訳してしまう生徒が必ずいて、学校の英語の時間に笑い話の種にされます。a man of letters は a literary man（文学者）の意味です。laurels は、古代ギリシアでは laurel（月桂樹）の葉のついた若枝を編んで「月桂冠」とし、勝利と栄光のシンボルとして勝者や優秀な者たち、そして大詩人の頭に被せたことから類推できます。names は call him names（彼の悪口を言う）の形で用いられます。

—P—

pains「骨折り、苦労」
parts「部品、地方、才能」
personals「動産」
pomps「高慢な振る舞い」
practices「策略」
proportions「大きさ、広さ」

papers「書類、文書」
particles「詳細」
phrases「空言」
possessions「財産」
proofs「証拠書類」
provisions「糧食」

—Q—R—

quarters「宿舎、宿所」
rains「雨季」
rations「(一日分の) 食料」
regrets「断り (状)」
remainders「遺跡」
returns「報酬、統計表」
rings「水紋、年輪」
rubbers「ゴム靴」

rags「ぼろ着物」
rates「地方税」
regards「(よろしくとの) 挨拶」
relics「遺物、遺品」
respects「挨拶、ご機嫌伺い」
rights「真相、正しい状態」
roots「根菜類、草木」
ruins「廃墟、損害」

regards は Please give my best regards to your family.（ご家族の皆様によろしくお伝えください）という別れの挨拶でよく使われますね。代わりに greetings などを使うこともありますが、remembrances は古い表現とされています。

—S—

sales「売れ行き、売上」
savings「貯金、貯蓄」
senses「正気、本気」
services「尽力、世話」
skirts「郊外、場末」

sands「砂浜、砂地」
securities「有価証券」
sentiments「意見、感想」
shores「陸、国」
skies「空模様、天国」

spectacles「眼鏡、先入観」　　spirits「気分、火酒」
stairs「階段」　　　　　　　steps「段梯子」
strains「歌曲」　　　　　　　sums「計算」

　spirits（火酒：ウイスキー、ブランデー、ウオッカなどの蒸留酒）に関する興味深いエピソードに、1812年ナポレノンのロシア遠征があります。ブランデーとウオッカの戦いです。アウェーで長い補給路に無理が生じていたナポレオン軍は晩秋の寒波の到来時にブランデーもなく、ホームのロシア軍はウオッカが十分にあり、士気が衰えることはなく、「ナポレオンはウオッカに敗れた」と言われました。火の酒、魂に働きかける酒、spiritsの持ち味を物語っていますね。

—T—
tables「法典」　　　　　　　terms「用語、間柄」
things「所持品、事態」　　　 thunders「非難、怒号」
ties「義理、きずな」　　　　 times「時代、時勢」
travels「旅行記」　　　　　　tricks「小間物類」

—W・Y—
wants「必需品、欲しい物」　　waters「河、湖、海、波」
wheels「機構、原動力」　　　 winds「方位、管楽器」
woods「森」　　　　　　　　words「談話、口論」
works「仕掛け、工場、工事」　worries「心配、苦悩」

　Gulliver's Travels（ガリバー旅行記）はおよそ300年前に、アイルランドの風刺作家ジョナサン・スイフト（Jonathan Swift）によって書かれた作品です。今なお世界中の人々に読み継がれている物語で、これまでにも何度か映画化もされました。

7-2 名詞の分類が移動して意味も変わるもの

　本書では、名詞自体の分類について詳しくは扱いませんでしたが、ここでは分類上注意すべき名詞をいくつか取り上げておきたいと思います。たとえば、普通名詞が抽象名詞として扱われるとか、その逆に抽象名詞が普通名詞化するといったように、**同じ名詞という品詞内で生じる「転換」**についてです。

(I) 固有名詞 → 普通名詞
① 「〜のような人」
　固有名詞の人名の前に不定冠詞 (a/an) を付けて、その人と似たような特性などを表します。

(1) He was not ***a Mozart***.
　　「彼はモーツアルトのような音楽家ではなかった」
(2) That boy will be ***a Honda Keisuke*** in the future.
　　「少年は将来、本田圭佑のようなサッカー選手になるだろう」

　この用法は無冠詞・複数形でも、次の (3) ように用いることができます。

(3) **Shakespeares** and **Leonardo da Vincis** will be rare in any generation.
　　「どの時代でもシェイクスピアやレオナルド・ダ・ヴィンチのような人物はまれである」

　定冠詞 (the) が用いられることがあります。次の (4) のように

of Japan という限定を表す語句が続いているためです。

(4) He was not *the* **Edison** of Japan.
「彼は日本のエジソン（のような発明家）ではなかった」

②「〜の作品」

固有名詞の示す個人の作品を表す場合があります。不定冠詞を用いたり、無冠詞・複数形、さらには some を用いたりする形もあります。

(1) I read *a* **Shakespeare** last Sunday.
「私はこの前の日曜日にシェイクスピアの作品を１冊読んだ」
(2) There are *two* **Rembrandts** in this museum.
「この美術館には２点のレンブラント（の絵）がある」
(3) I listened to *some* **Chopin** this evening.
「今夜はショパン（の作品）を少し聞いた」

③ ブランド名 = 固有名詞または普通名詞

製品などのブランド名が固有名詞として扱われる場合と、普通名詞として扱われる場合があります。

Microsoft はある特定の会社の名前、すなわち固有名詞です。しかし、これは英語では普通名詞として使うことはまだ許されていませんので、Microsofts, *the* Microsoft, *another* Microsoft などと言うことはできません。ところが、トヨタが造っている車は Toyotas（トヨタ車）と呼ばれて、普通名詞扱いを受けています。こうした言い方は次のような転喩から生じたと考えられます。

a car made by Toyota → a Toyota car → a Toyota / Toyotas

④ a ＋人名 / the ＋人名

〈a/an / the ＋人名〉が「～家の人(々)」を表す場合があります。①の場合と異なり、この人名は有名ではない、ふつうの人名です。

(1) Tom is ***a*** Pitt.
　　「トムはピット家の一員である」
(2) ***The*** Pitts are early risers.
　　「ピット家の人々は早起きである」

同じ姓の人が複数いる場合、その姓に"-s"を付けて無冠詞で使うことができます。

(3) I know ***several*** Mr. Tanakas.
　　「私は数人の田中さんを知っています」

(II) 普通名詞 → 抽象名詞

第4章ですでに普通名詞の抽象名詞化にふれましたが（☞ 4-5-4）、ここでは**「名詞の分類が移動して意味も変わるもの」**というコンセプトの流れの一環として、さらにいくつかの例を見ていきます。こうした分類の転化を意識せず何となく読み過ごしてしまいがちが表現もあります。普通名詞に the を付けて、人や抽象的な観念を象徴することがあります。無冠詞の場合もあります。また逆に具体例や種類を表すときには、不定冠詞を付けたり複数形になったりすることもあります。

(1) Necessity is ***the*** **mother** of invention.
　　「必要は発明の母である」
(2) The child is **father** of the man.
　　「子どもは大人の父である」

(3) I had **a fear** of someone always shadowing me.
「私は誰かがいつも私の後をつけているという恐怖を感じていた」
(4) These were **works** of Fujisawa Shuhei in his latter days.
「これらは藤沢周平の晩年の作品です」

(1) の the mother は the origin or cause of something (あるものの起源あるいは原因) を意味しています。(2) は英国の詩人ワーズワース (Wordsworth) の詩の一節です (☞ p.200『閑話休題』)。father は無冠詞です。(4) の work は普通名詞化して「(文学・美術などの) 作品」の意味になります。

(Ⅲ) 抽象名詞 → 集合名詞
　抽象名詞が意味の変化によって、集合名詞として用いられることがあります。同一の種族に属するいくつかの個体の集合体を表す名詞のことをふつう集合名詞と呼んでいます。具体的なものですが、特定の形を持たないものを表す名詞のことです。

(1) There were different classes of **youth** gathered there.
「そこにはさまざまな階級の若い人々が集まっていた」

youth はもともと抽象名詞ですが、「若さ、青春時代」から意味が転じて young people (若者たち、青年層) という集合名詞として使われます。ほかにも次のような例があります。

(2) We should have respect for **age** (= aged people).
「私たちはお年寄りを尊敬すべきである」
(3) They had no sleeping **accommodation** (= rooms).
「彼らには宿泊設備がなかった」

(IV) 物質名詞 → 普通名詞

材料、食物、液体、気体、元素など具体的なものですが、特定の形をもたないものを表す名詞をふつう物質名詞と呼ぶのでした (1-4-3)。物質名詞を数えるには特別な数え方がありますが、**物質名詞の中には普通名詞に変身して、普通名詞と同じ数え方ができるものがあります。**

(1) We'll take ***two* coffees**, please.
　　「コーヒー2つお願いします」
(2) He drank ***two* beers**.
　　「彼はビールを2杯[2本] 飲んだ」

(1) は *two cups of* **coffee** の意味ですが、(2) は two glasses of bear か two bottles of bear かはあいまいです。また、coffee, bear ともに複数形は次の (3)(4) のように、それぞれの種類を表す場合もあります。

(3) I wonder if they sell ***many* coffees** there.
　　「あそこの店ではいろんな(種類の)コーヒーを売っているのかなあ」
(4) You can drink ***many* beers** in Germany.
　　「ドイツではいろんな(種類の)ビールが飲めます」

ところで、(2) の two beers を two coffees に置き換えて言うことはできないとされています。日本語でしたら「コーヒーを2杯飲んだ」と言えますが、He drank *two coffees*. とは言えないのです。drink の後にはふつうはアルコール類の飲物が続くようです。

(V) 抽象名詞 → 普通名詞

ここでは第4章（☞ 4-5-5）で取り上げられなかったものについて、少しふれておきます。

名詞の抽象名詞の中には、形式上複数のものがあります。学問の名前や病気の名前です。

- 学問の名前：
    mathematics「数学」　　economics「経済学」
    politics「政治学」　　　statistics「統計学」など
- 病気の名前：
    measles「はしか」　　　appendicitis「虫垂炎」
    diabetes「糖尿病」　　　burns「火傷」など

また、強意のために複数形にするものもあります。

(1) They were trembling with **terrors**.
    「彼らはとても怖がって震えていた」
(2) *Many* **thanks** to you!
    「本当にありがとうございます！」

次の例のように、抽象名詞の複数が「全体に対する部分」を表すことがあります。この場合、複数形のほうが単数形よりも狭い意味になります。

(3) There is **truth** broader than **truths**.
    「個々の真実よりもさらに広い真理がある」

「第7章　名詞にはまだまだ別の顔がある」の底力

　本章では、これまでふれなかった名詞の側面にふれてみました。ごく基本的なことですが、単数と複数で意味が異なる名詞、それに名詞の分類が移動して、元の名詞の意味から変わったものです。複数形の名詞に関しては、辞書によっては「しばしば複数形」とか「ふつうは複数形」と記してある名詞もその中に加えておきました。

　名詞は英語の品詞の中で最も数の多いものです。英語は名詞を中心とする言葉であるとも言われます。できるだけ多くの名詞の意味・語法を身につけることによって、英語学習を向上させることができます。本章でみなさんが学習のヒントを得ることができれば幸いです。

第7章 名詞にはまだまだ別の顔がある

閑話休題

7-2(Ⅱ)の例(2)(p.196)はイギリスの代表的なロマン派の桂冠詩人、ワーズワース(William Wordsworth：1770-1850)の *The Rainbow* という詩の一節です。(桂冠＝ laurels ☞ p.190)

The Rainbow
My heart leaps up when I behold
A Rainbow in the sky:
So was it when my life began;
So is it now I am a man;
So be it when I shall grow old,
Or let me die!
The Child is father of the man;
And I could wish my days to be
Bound each to each by natural piety.

短い詩ですので暗記してみてはいかがでしょうか。詩歌を暗記することは、『百人一首』でもおわかりのように日本の奥ゆかしい伝統でもありますから。

第8章
名詞と動詞・前置詞との結びつき

　他動詞は目的語をとることのできる動詞ですが、どんな名詞でも目的語にとれるわけではありません。また、名詞がすべての自動詞の主語になれるわけでもありません。この名詞にはこの動詞、という具合に、それぞれの結びつきがあります。それはまた、名詞の後に続く前置詞、すなわち名詞と前置詞の結びつきにも当てはまります。
　この最後の章では、こうした語と語の特有の結びつき——「コロケーション」(collocation) と呼ぶことがある——を検討していきます。

8-0 コロケーションとは

　この章では「名詞と動詞・前置詞の結びつき」について調べていくことにします。
　まず、picture を例にとってみます。「絵」を意味する場合には、「絵を描く」は draw/paint a picture のどちらかになるでしょう。draw a picture の場合には「線で描く」という意味になります。paint a picture の場合には「絵具で描く」という意味になります。「絵をか・く・」という日本語につられて *write* a picture としてはいけません。「写真」を意味する場合には、「写真を撮る」が take a picture となることはご存じの通りです。このように、**名詞はどのような動詞とも結びつくわけではなく、決まった動詞——もちろん動詞の意味が深く関わってきます——と結びつくのです。**この結びつきを「**コロケーション**」(collocation：連語）と呼ぶことがあります。
　また、名詞の後に修飾語句が続く場合、前置詞が大きな役割を果たします。ある名詞の後にはある特定の前置詞が来ることがあります。そうした名詞と前置詞の結びつきについても同時に見ていきます。
　名詞は無数にありますが、ここでは A～W までの見出し語のなかで、それぞれ数語を選びました。

8-1 コロケーションの重要性と具体例

　ここでは、コロケーションの重要性を認識するために、名詞とそれを目的語にとる動詞、および名詞とそれに続く前置詞のコロケーションをアルファベット順にまとめて、いくつか見ていくことにします。例文は動詞・前置詞のコロケーションがわかるものを主にとりあげましたが、前置詞が続かないものもあります。

—A—
- access：接近、接近方法、面会
  結びつく動詞：deny, gain, get, give, have, provide, refuse
(1) The inspectors **were denied** [**refused**] *access* **to** the documents.
    「査察官たちは書類に近づくことを拒まれた」
(2) We **have** *access* **to** the library every day except on Monday.
    「月曜日以外は毎日図書館を利用できます」
(3) You can't **gain** [**get**] *easy access* **to** the superstar.
    「そのスーパースターには簡単には会えません」

(1) deny ～ access to ...（～に...への接近を拒む）の受動形。
(2) have access to ～「～に近づける、～を利用できる」。

- action：行動、実行、訴訟
  結びつく動詞：bring, go into ～, put ... into ～, take
(1) You should **go into** *action* as soon as possible.
    「あなたはできるだけ早く行動を開始するべきだ」

(2) The government is going to **put** the new plan **into** *action*.
「政府はその新しい計画を実行に移すつもりである」
(3) Mary **brought** [**took**] *an action* **for** divorce **against** her husband.
「メアリーは夫に対して離婚の訴訟を起こした」

(1) go into action「行動する」。(2) put ... into action「...を実行する」。(3) bring an action for 〜 against ...「...に対して〜の訴訟を起こす」。

- **attention**：注意、世話、配慮

  結びつく動詞：attract, bring, call, catch, come to, deserve, draw, give, have, need, pay, receive

(1) Her remarks **has attracted** [**drawn**] *the attention* of many experts.
「彼女の発言は多くの専門家たちの注目を集めた」
(2) This machine **needs** [**demands**] a lot of *attention*.
「この機械にはいろいろと手入れが要る」
(3) Your order **will receive** immediate *attention*.
「ご注文の件、早速手配いたします」

(1) の場合、attract the **notice** of 〜としてもほぼ同じ意味です。(3) はビジネスでよく使われる表現です。

—B—

- **break**：休息、好機、中断

  結びつく動詞：get, give, have, make, take

(1) Let's **take** *a break*. We have already worked for four hours.
「ひと休みしよう。4時間も働いたのだから」

(2) She **got** *a lucky break* and became a famous singer.
「彼女は幸運をつかみ、有名な歌手になった」
(3) Try it again, Tom. — Oh, just **give** me *a break*.
「もう一度やってくれ、トム――おい、勘弁してくれよ」

(3) は人の言葉などが信じられない時などに使います。「勘弁してくれよ」といった意味にもなるアメリカ英語の口語表現です。

- business：ビジネス、商売、務め、仕事、問題
  結びつく動詞：do, get down to, go into, have, know, make, mind, operate, run, take over
(1) My uncle in Osaka **is doing** (*a*) good *business*.
「大阪のおじは商売が繁盛している」
(2) Her family **has** [**operates**/**runs**] *an* apparel *business*.
「彼女の家族はアパレル業を営んでいる」
(3) Hey, **mind** *your own business*.
「おい、余計な節介をするなよ」

business は多くの動詞と結びつきます。(2) の run「経営する」には注意しましょう。(3) は TPO を考えるべき表現です。

―C―
- cost：費用、出費、犠牲
  結びつく動詞：cover, cut, pay, reduce, spare
(1) The charge **covered** *the* mailing *cost*, too.
「料金には送料も含まれていた」
(2) In order to improve your business, you must **cut** [**reduce**] *costs*.
「業績を上げるためには、諸経費を削減すべきである」

(3) The government should**n't spare** *any cost* to help the disaster victims.
　「政府は被災者を救済するためにはいかなる犠牲も惜しんではならない」

　(1)「〜料金が含まれる」は cover the 〜cost。(3) この表現は否定形で用います。

- **custom**：習慣、税関、関税
  結びつく動詞：follow, have, keep up, get through, go through, pass (through), pay
(1) Once you go to India, **follow** the Indian *customs*.
　「インドに行ったならインドの習慣に従いなさい」
(2) Have you experienced any hardship in **going [getting/passing] through** *customs*?
　「税関を通るときに困った経験がありますか」
(3) She had to **pay** *customs* **on** the French bags she bought in Paris.
　「彼女はパリで買ったバッグの関税を払わなくてはならなかった」

　(1) When in Rome, do as the Romans do.（郷に入っては郷に従え）というわけです。(2)(3)「税関、関税」の場合はふつう customs と無冠詞・複数形です。pass は through を省略できます。

―D―
- **damage**：損害、損害賠償(金)、代価
  結びつく動詞：award, claim, cause, do, stand, suffer
(1) The typhoon **caused [did]** heavy *damage* **to** the island.
　「台風はその島に大きな損害を与えた」

(2) The court **awarded** the company *damages* of one hundred million yen.
「裁判所はその会社に1億円の損害賠償金の支払いを命じた」
(3) Who should **stand** *the damage*?
「誰がその費用を支払わなくてはならないのか」

(1)「〜に損害を与える」に give は使いません。(2)「損害賠償金」を意味するときは必ず複数形にします。

- deal：取引、取り扱い
  結びつく動詞：get, have, make, strike
(1) How come he **got** such *a rough deal*?
「どうして彼はそんなひどい仕打ちを受けたのだ?」
(2) Our company **has** *a deal* **with** ABC Steel Co.
「我が社はABC Steel社と取引がある」
(3) We'd like to **make** [**strike**] *a deal* with your huge company.
「私たちはおたくの巨大会社と取引したいと思っている」

(1) How come 〜?「なぜ〜なのか」は平叙文の語順になります。(2)(3) a deal with 〜は「〜との取引」です。

—E—
- economy：経済、倹約
  結びつく動詞：improve, reflate, stimulate, exercise, practice, use
(1) African countries are trying hard to **improve** their *economy*.
「アフリカ諸国は自国の経済を向上させようと努力している」

(2) We should avoid the consumption taxes to **reflate** *the economy*.
「経済を浮揚させるためには消費税は避けるべきです」
(3) Tom saved money for his trip to Japan by **exercising** [**practicing**／**using**] *economy*.
「トムは倹約をして日本に旅行するお金を貯めた」

(3)「倹約」の意味では economy は無冠詞です。

- employment：雇用、職
  結びつく動詞：create, find, get, give, give up, hunt for, leave, look for, lose, obtain, provide
(1) This joint venture will **create** [**provide**] *employment* **for** a large number of young people here.
「この合弁企業は当地の多くの若者たちに雇用の機会[職]を与えてくれるだろう」
(2) Henry **has gotten** [**found**／**obtained**] *employment* **at** an IT company.
「ヘンリーはあるIT会社に就職した」
(3) She **gave up** [**left**] *her employment* for health reasons.
「彼女は健康上の理由で仕事を辞めた」

(3)「仕事を辞める」の場合には、her などの所有格を付けます。

―F―
- facility：才能、便宜、設備
  結びつく動詞：show, afford, give, provide, have
(1) Steve began to **show** *facility* in physics soon.
「まもなくステーヴは物理学の才能を発揮し始めた」

(2) SRI **afforded** [**gave** / **provided**] us various *facilities* **for** exercising experiments.

「SRIは私たちに実験を行う上でいろいろな便宜を与えてくれた」

【注】SRI (Science Research Institute)「科学捜査研究所」
(テレビドラマ『怪奇大作戦』で科学捜査を行う民間組織)

(3) Their laboratory **has** all the modern *facilities*.

「彼らの研究所にはあらゆる近代的な設備が備わっている」

(1) は formal な表現で、facility は無冠詞です。(2)「便宜」と (3)「設備」の意味では複数形です (☞ p.189)。

- file：ファイル、綴じ込み

  結びつく動詞：have, keep, keep … on 〜, make

(1) The teacher **has** [**keeps**] *a* separate *file* **on** each of his students.

「その教師は生徒一人ひとりのデータを別々にファイルしている」

(2) He **keeps** the past results **on** *file* for reference.

「彼は参考のため過去の成績を綴じ込んで整理してある」

(3) The accountant **made** *a file* **for** his new client.

「会計士は今度の依頼人用のファイルを作成した」

(2) keep 〜 on file (〜をファイルに保管する) では file は無冠詞。

- fortune：財産、運勢、幸運

  結びつく動詞：accumulate, build up, come into, cost, inherit, make, tell, try, have, seek

(1) Tom **accumulated** [**built up** / **made**] *a fortune* by investing in stocks.

「トムは株に投資してひと財産作った」

(2) Jane **came into** [inherited] *a large fortune* when her uncle died.
「ジェーンは叔父が死んだとき、多額の財産を相続した」
(3) I asked "Shinjuku Mother" to **tell** *my fortune*.
「私は『新宿の母』に運勢を占ってくれるように頼んだ」

(1)(2)の意味では不定冠詞(a/an)を付けます。(3)「占い師」は a fortune teller と言います。

―G―

- gap：格差、空白
  結びつく動詞：bridge, close, fill, leave, reduce, stop
(1) We must take drastic steps to **bridge** [**close** / **fill** / **reduce** / **stop**] *the gap* **between** rich and poor.
「貧富の格差を解消するためには抜本的な政策をとる必要がある」
(2) Mel's departure for Europe **left** *a gap* **in** our team.
「メルがヨーロッパに発ったのでチームに穴が開いた」

(1)では the gap と定冠詞(the)が要ります。

- goal：決勝線、得点、目標
  結びつく動詞：accomplish, achieve, attain, cross, get, kick, make, reach, score, shoot, win
(1) Mary **crossed** [**reached**] *the goal* first.
「メアリーが最初にゴールインした」
(2) Shinji **got** [**kicked** / **made** / **scored** / **shot** / **won**] two *goals* in the soccer game yesterday.
「真司は昨日のサッカーの試合で2得点をあげた」

(3) He **has accomplished** [**achieved**/**attained**] all *his goals* for this year.

「彼は今年の目標をすべて達成した」

(1) goal in という英語はありません。

- ground：地面、立場、根拠、理由

  結びつく動詞：cover, give, have, hold, keep, maintain

(1) The salespersons had to **cover** *much ground*.

「外交員たちはかなりの距離を旅行しなければならなかった」

(2) Jim **held** [**kept**/**maintained**] *his ground* in spite of many people's objections.

「ジムは多くの人の反対にも関わらず自分の立場を変えなかった」

(3) I **have** *good grounds* **for** insisting that he is innocent.

「私には彼が無実であると主張するに足る十分な根拠があります」

(2)「地面」の上に立つ →「立場」。(3)「拠って立つところ」→「根拠」。grounds と無冠詞・複数形で用います。

―H―

- harm：害、不都合

  結びつく動詞：cause, come to, do, mean, see, suffer

(1) Two men attacked the shopkeeper and **caused** [**did**] him *harm*.

「二人の男が店主を襲い、危害を加えた」

(2) Brad ran across a bear in the woods but **came to** [**suffered**] *no harm*.

「ブラッドは森で熊に出くわしたが何の危害も加えられなかった」

(3) We **see** *no harm* **in** allowing her to join our team.
「私たちのチームに彼女が入るのはまったく差支えない」

(2)は否定形で用いることが多いです。(3)この表現は否定形で用いられます。

― I ―
- **idea**：考え、思いつき、認識
  結びつく動詞：get, give, have, hit on, toy with
(1) Since I looked exhausted, he apparently **got** *the idea* **that** he could beat me in the match.
「私が疲れ切っているように見えたので、彼は試合で私を負かせると思い込んだようだ」
(2) I **have** *no idea* what you are talking about.
「あなたが何の話をしているのかまったくわからない」
(3) Kate **is toying with** *the idea* **of** quitting college and going to Japan.
「ケイトは大学をやめて日本に行こうかなあと考えている」

(1)この that は同格を導く接続詞です (☞ 5-8-2)。(3) toy with the idea of 〜ing は「〜してみようかと考える」。

- **income**：収入
  結びつく動詞：bring in, earn, get, make
(1) Her shop **brings in** *a* monthly *income* **of** $15,000.
「彼女の店は月1万5千ドルの収入をもたらします」
(2) Yukari **earns [gets/makes]** *an* annual *income* **of** seven million yen.
「由香里は年収700万円を得ています」

(1)(2) どちらも不定冠詞を付けて用います。

- inflation：インフレ
  結びつく動詞：beat, cause, check, control, lead to
(1) How is Brazil going to **beat** *inflation*?
「ブラジルはどうやってインフレを克服しようとしているのですか」
(2) They say big wage increases **have caused** [**led to**] *inflation*.
「大幅賃上げがインフレを招いたと彼らは言っている」
(3) The government is taking some steps to **check** [**control**] *inflation*.
「政府はインフレ抑制策を講じている」

「インフレ」と言うときは無冠詞で用いることが多いです。

—J—

- job：仕事
  結びつく動詞：create, do, get, give, have, hunt [look] for, lose, make, obtain, seek, set, take
(1) My mother **gave** [**set**] me *the job* of cleaning the kitchen.
「母は私に台所の掃除の仕事を振り当てた」
(2) The public works budget **created** [**provide**] *jobs* for many workers.
「その公共工事予算は多くの人たちの雇用を創出した」
(3) She **is hunting** [**looking**] **for** *a job* in Singapore.
「彼女はシンガポールで職探しの最中です」

(2) works は複数形で「工事」（☞ p.192）。

第8章 名詞と動詞・前置詞との結びつき

- **judgment**：判断（力）、見解、判決
  結びつく動詞：deliver, form, give, have, make, show, use, pass, pronounce

(1) You **have** *good judgment* **in** choosing antiques.
「あなたは骨董品を選ぶ目がありますね」

(2) Our boss has come to **form** such *a judgment* **on** us.
「上司は私たちをそんなふうに見るようになってきた」

(3) The court **will deliver** [**give**/**pass**/**pronounce**] *judgment* on the accused next month.
「裁判所は来月被告人に判決を言い渡します」

(1) この意味では good/poor などの形容詞を付けて用います。

—L—

- **law**：法律
  結びつく動詞：enact, enforce, follow, go into, have, maintain, obey, observe, practice

(1) That *law* **was enacted** last month.
「その法律は先月制定されました」

(2) We have to **follow** [**obey**/**observe**] the *law*.
「私たちはその法律を従わなくてはならない」

(3) Mr. Kikuchi **is practicing** *law* in Tokyo.
「菊池氏は東京で弁護士を開業しています」

(3) この表現ではふつう無冠詞で用います。

- **loan**：ローン、貸付金、借金、公債
  結びつく動詞：ask for, get, give, have, obtain, raise, take out

(1) He **asked** the bank **for** *a loan* **of** two million yen.

「彼は銀行に2百万円のローンを申し込んだ」
(2) I **got** [**obtained**/**took out**] *a loan* of one million yen from the bank on (the) security of my house.
「私は家を抵当にして銀行から百万円借りた」
(3) The city government **is raising** *a loan* to build a new city hall.
「市当局は新庁舎を建てるための公債を募っている」

—M—

- market：マーケット、市場、販路
  結びつく動詞：come on the 〜, cultivate, develop, find, hold, place [put] ... on 〜
(1) Ian's house **came** [**placed**/**put**] on *the market* last week.
  「イアンの家は先週売りに出された」
(2) We need to **cultivate** [**develop**/**find**] *markets* abroad.
  「私たちは海外市場を開拓する必要がある」
(3) Several big securities companies **held** *the market* by placing large orders in the closing hour.
  「大手数社が引け際に大量の注文を出して市場を支えた」

(2) cultivate (開拓する) は形式張った表現です。(3) は the market と定冠詞を付けて使います。

- meeting：会議、会合
  結びつく動詞：arrange, 〜break up, call, convene, convoke, fix, have, hold
(1) I'm going to **arrange** [**fix**] *a meeting* with the owner.
  「私が所有者との話し合いの段取りをつけます」
(2) The president **called** [**convened**/**convoked**] *an* urgent

meeting this afternoon.
「大統領は本日午後、緊急会議を召集した」
(3) We **had** [**held**] *a meeting* last Friday.
「私たちは先週の金曜日に会議を開いた」

(3)「会議を開く」は *open* a meeting とは言いません。

—N—
- negotiation：交渉
  結びつく動詞：begin, break off, carry on, conduct, enter into, open, start
(1) We will soon **begin** [**enter into**/**open**/**start**] *negotiations* **with** a German firm on this issue.
「私たちはこの問題に関してドイツの会社とまもなく交渉を始める予定だ」
(2) Japan had to **break off** *negotiations* **with** China.
「日本は中国との交渉を打ち切らざるを得なかった」
(3) I think we should **carry on** [**conduct**] *negotiations* **with** them immediately.
「私たちは彼らとただちに交渉すべきだと思います」

ふつうは複数形で用います。(1) enter into は形式張った表現。

- notice：注目、通知
  結びつく動詞：attract, catch, come to, draw, escape, get, give, pay, post, put up
(1) The bright color sign board **attracted** [**drew**] *the notice* **of** walkers.
「明るい色の広告板は歩行者の注意をひいた」

(2) The fact that Japan imports fish often **escapes** *notice*.
「日本が魚を輸入しているという事実はしばしば見落とされている」
(3) ***A notice*** saying "No class today" **was posted** [**put up**] on the classroom door.
「『本日休講』の掲示が教室のドアに貼られていた」

—O—

* opinion：意見、評価

  結びつく動詞：express, form, formulate, get, give, have, pass

(1) She **expressed** [**gave**] *her opinion* on birth control.
「彼女は産児制限に関する自分の意見を述べた」
(2) We'll study the situation carefully before we **form** [**formulate**] *our opinions*.
「私たちは意見をまとめる前に状況をよく調べてみよう」
(3) May I **have** *your opinion* on her new novel?
「彼女の新作小説についてのあなたの評価はどうですか」

しばしば複数形で用います。(2) formulate は固い表現です。

* order：整理、整頓、順序、秩序、注文、命令

  結びつく動詞：accept, carry out, disturb, keep (… in ～), meet, place, put … in ～, receive, take

(1) Please always **keep** your room **in** *order*, Tom.
「いつも部屋はきちんとしておくのよ、トム」
(2) You have to **place** [**put**] these papers **in** date *order*.
「これらの書類を日付順に並べる必要があります」
(3) We cannot **accept** [**take**] additional *orders* because of poor stock of our products.

「製品のストックがほとんどないため追加注文はお受けできません」

—P—

- plan：計画

    結びつく動詞：carry out, draw up, follow, have, make, work out

(1) They'll **carry out** this *plan* in a month or two.
    「彼らはこの計画を1、2カ月のうちに実行する」
(2) Let's **draw up** [**make**/**work out**] camping *plans* for the summer vacation.
    「夏休みのキャンプの計画を立てようよ」
(3) If you **follow** *my plan*, you'll arrive there in time.
    「ぼくの計画に従えば、君はそこに時間内に着くよ」

- pleasure：楽しみ、喜び

    結びつく動詞：find, get, give, have, request, take

(1) She **finds** [**takes**] *pleasure* in reading history novels.
    「彼女は歴史小説を読むのを楽しみにしている」
(2) Tom's gifts **gave** the children a lot of *pleasure*.
    「トムの贈り物をもらって、子どもたちは大喜びをした」
(3) We **request** *the pleasure* of your company **at** the annual ceremony.
    「年次式典にご出席を乞う次第です」

(3) は招待状などに用いられる、形式張った表現です。

- presentation：贈呈、発表

    結びつく動詞：make, give

(1) The league commissioner **made** *the presentation* of the

trophy **to** the player.
「リーグコミッショナーはその選手にトロフィを贈呈した」
(2) Our boss **gave** us *her presentation* of the new project.
「上役は新しいプロジェクトの説明をした」

- promotion：昇進
  結びつく動詞：get, give, make, win
(1) We were very glad to hear that Henry **got [was given / won]** *a promotion*.
「ヘンリーが昇進したと聞いて私たちはとても喜んだ」
(2) *Promotion* in this firm **is made** on the basis of seniority.
「この会社の昇進は年功序列によります」

(1) この表現ではふつう不定冠詞を付けます。

—Q—
- question：質問、問題、論点
  結びつく動詞：address, ask, cope with, deal with, give, put, set, settle, tackle, take up
(1) We're seriously **addressing [tackling]** *the question* of the nuclear plants.
「私たちは原発の問題に真剣に取り組んでいます」
(2) How did they **cope with** that difficult *question*?
「彼らはその難題にどのように対処したのだろうか」
(3) How soon can you **settle** *the question*?
「あとどれくらいでその問題を解決できますか」

(3) answer a question, solve a problem がコロケーションですが、実際には混同して使われていることがあります。

—R—

- **receipt**：受け取り、領収書

    結びつく動詞：acknowledge, issue, make out, write

(1) Kindly **acknowledge** (*your*) *receipt* **of** the check.
    「小切手をお受け取りになった旨ご通知ください」
(2) When you buy some things, ask the store to **issue** [**make out**/**write**] *a receipt* **for** them.
    「いくつか物を買うときには店の人に領収書を出してもらいなさい」

(1) 商業文で用いる表現です。

- **recession**：不況

    結びつく動詞：suffer from, weather

(1) The steel industry **is suffering from** *recession*.
    「鉄鋼産業は不況に見舞われている」
(2) The Spanish economy will manage to **weather** *the* current *recession*.
    「スペイン経済は何とか現在の不況を乗り切るだろう」

(1) 一般に「不況」の意味では無冠詞で使います。

- **reduction**：割引、値引き

    結びつく動詞：allow, get, give, have, make, receive

(1) We'll **allow** [**give**/**make**] *a* 5-percent *reduction* **in** price if you pay in cash.
    「現金でお買い上げの場合には5パーセント値引きいたします」
(2) When he flew to London, he **got** [**had**/**received**] *a* 30-percent *reduction* **in** the air fare.
    「ロンドンに飛んだとき彼は航空運賃を30％割引してもらった」

- request：要請、依頼
  結びつく動詞：comply with, decline, grant, make, reject
(1) We will be glad to **comply with** [**grant**] *your request*.
 「私どもは喜んであなたのご依頼に応じます」
(2) The committee **made** *a* strong *request* **that** the Shinkansen be extended to Obama.
 「委員会は新幹線を小浜まで延長するように強く要請した」

(2) この that は同格（☞ 5-8-2）を導く接続詞です。

—S—
- security：防衛、担保、保証人
  結びつく動詞：give, offer, stand
(1) The politician claimed that he US nuclear umbrella **gives** Japan *security* **against** external aggression.
 「その政治家はアメリカの核の傘は日本を外からの侵略から守っていると主張した」
(2) What *security* can he **offer for** the loan?
 「ローンに対して彼はどんな担保が入れられますか」
(3) I **stood** *security* **for** him when he borrowed money from the bank.
 「銀行からお金を借りた時に、彼の保証人になってあげた」

(3) stand security for 〜「〜の保証人になる」。

- service：サービス、役立つこと、礼拝
  結びつく動詞：come into, do, enter, get, give, go into, have, hold, need, offer, perform
(1) This new bridge will **come** [**go**] **into** *service* next month.

「この新しい橋は来月開通する予定です」
(2) We stayed at the hotel in Kyoto, which **gave** [**offered**] us *good service*.
「京都ではそのホテルに泊まったがサービスがとてもよかった」
(3) This church **has** [**holds**] *a morning service* on Wednesday and Sunday.
「当教会では水曜と日曜に朝の礼拝を行います」

(2) この表現では、無冠詞の〈形容詞 + service〉で用います。(3) 喫茶店では a morning service は行わないので要注意です。日本の「モーニングサービス」は a breakfast special と表されます。

―T―
- **trade**：商売、貿易、交易
  結びつく動詞：do, be engaged in, have, make
(1) They **are doing** [**making**] *a* good *trade* in video games.
「彼らはビデオゲーム業でとても繁盛しています」
(2) Japan **has** a lot of *trade* **with** the United States.
「日本はアメリカと大量の貿易を行っている」
(3) His ancestors **were engaged in** foreign *trade* **with** the Netherlands in the Edo period.
「彼の先祖は江戸時代オランダとの海外貿易に従事していました」

(1) では〈a/an + 形容詞 + trade〉がふつうです。(2) ではふつう後に、どういった貿易かを表す形容詞(句)を伴います。

- **trouble**：迷惑、困難、病気
  結びつく動詞：ask for, cause, get into, get out of, give, have, look for, make, suffer from, take

(1) She **is asking** [**looking**] **for** *trouble* by behaving like that.
「彼女はあのような振る舞いをして、災いを招いている」
(2) He is disliked by everybody because he often **causes** [**makes**] *trouble* **for** his friends.
「彼はよく友達に迷惑をかけるので皆から嫌われている」
(3) You should know that your short temper often **gets** you **into** *trouble*.
「あなたは短気のせいでよく面倒を起こすことを知らなくてはいけません」
(4) Ms. Green **had** [**suffered from**] *heart trouble* last year.
「グリーン先生は昨年心臓病を患った」

(1) の ask [look] for trouble は口語表現。しばしば進行形で用います。(4) では trouble の前に器官の名前を付けます。

―U〜W―

- union：組合、団結
  結びつく動詞：establish, form, develop, promote
(1) We are trying to **establish** [**form**] *a* new labor *union*.
「我々は新しい労働組合をつくろうとしています」
(2) They often hold a tea party to **develop** [**promote**] *a* closer *union* **of** their members.
「彼らは会員同士の団結を強めるためによく茶会を開く」

- use：使用、利用、役立つこと
  結びつく動詞：come into, get, give, go out of, make, put … to 〜, serve
(1) When did the cell phone **come into** *use*?
「携帯電話はいつから使われるようになったのですか」

(2) All streetcars in this city have **gone out of** *use*.
「この街の路面電車はすべて姿を消してしまった」
(3) These kinds of herb **have** [**serve**] various *use*.
「これらの種類の薬草はいろいろな使い道がある」

- **value**：価値、評価
  結びつく動詞：attach, get, give, place, put, set
(1) This dictionary is very expensive, but will **give** you (*good*) *value* for your money.
「この辞書はとても高価ですが、お代相当の価値はあります」
(2) I will **place** [**put**/**set**] *a* high *value* **on** his personality when I choose my future husband.
「未来の夫を選ぶ際には私はその人柄に重きを置きます」

(2) この表現では〈a/an＋形容詞＋value〉となります。

- **word**：言葉、知らせ、約束
  結びつく動詞：break, 〜 come, give, hear, leave, keep, put … into 〜, say, send, weigh
(1) He couldn't **put** his terrible experience **into** *words*.
「彼はその恐ろしい体験を言葉にすることはできなかった」
(2) The new Secretary of State always **weighs** *her words* at the press interview.
「新しい国務長官は記者会見ではいつも言葉を慎重に選ぶ」
(3) Cathy **gave** me *her word* **that** she would come with me.
「キャシーは私といっしょに来ると約束した」

(1) 無冠詞・複数形で使います。(2) では複数形で使います。
(3) keep one's word (that 〜) なら「(〜という) 約束を守る」。

『第8章 名詞と動詞・前置詞との結びつき』の底力

　名詞と動詞・前置詞の結びつき（コロケーション）も非常に大事なポイントです。コロケーションは多岐にわたるため、これらを完全にマスターすることは難しいですが、日頃からこうした結びつきを意識しながら学習することによって、少しでも多くのコロケーションを身に着けることができるようにと思い、最後にまとめてみました。みなさんの学習のヒントになれば幸いです。

　全体を通して、読者のみなさんが、従来の文法書や類書とは違った切り口で英語を理解することができたと感じられれば、筆者にとってこれ以上の喜びはありません。

あとがき

　本書は、学校文法とは異なった切り口で英語の名詞表現を解説するという意図で展開してきましたが、いかがだったでしょうか。

　最初の第1、2章は従来の学校文法ではほとんど扱っていない項目です。第3章では英語の一大特色である無生物主語構文・生物主語構文について詳しく学習してきました。

　また、名詞が単なるモノの名前という静的な特性だけではなくて、動詞や形容詞などの意味を含んだ動的な特性をもっていることや、そのほか名詞のさまざまな働きについて第4章で見てきました。

　第5章においては名詞以外にも名詞の代わりをするもの、すなわち、文の主語・目的語・補語などとなり名詞と同じ働きをするものを見てきました。第5章では逆に、名詞が名詞以外の品詞の働きをしていることを学びました。

　英語の名詞には上に見てきた以外にもいろいろな様相がありますが、もちろん、それらをすべて網羅することはできません。しかし、その中でも、第7章では単数と複数では意味の異なる名詞や、名詞の分類の移動によって意味が異なるものなどを扱いました。

　最後の第8章では名詞と動詞・前置詞の結びつき──コロケーション──について、ごく一部ではありますが重要なものについて例をあげて見てきました。

　本書を通底しているコンセプトは、「英語の名詞にはダイナミックな特性がある」ということです。従来の名詞の固定したイメージを脱却して、そのさまざまな文法的機能に目を向けていただけたならば、著者としてはこれ以上の喜びはありません。

2014年3月25日

勝見　務

参考文献

Sidney Greenbaum & Randolph Quirk. *A STUDENT'S GRAMMAR OF THE ENGLISH LANGAUGE,* Longman, 1990
Geoffrey Leech & Jan Svartvik. *A communicative Grammar of English: 2nd ed*. Longman, 1994
Michael Swan. Practical English Usage: 2nd ed. Oxford. 1995
Otto Jespersen. *Essentials of English Grammar.* 1933

Collins COBUILD ENGLISH DICTIONARY: New Edition. 1995
CAMBRIDGE INTERNATIONAL DICTIONARY of ENGLISH: 1st published. 1995
LONGMAN DICTIONARY OF COMTEMPORARY ENGLISH: 3rd ed. 1995

池上嘉彦『〈英文法〉を考える』ちくまライブラリー、1991
池上嘉彦『「する」と「なる」の言語学』大修館書店、1981
池上嘉彦『英語の感覚日本語の感覚：〈ことばの意味〉のしくみ』日本放送出版協会、2006
江川泰一郎『英文法解説（改訂三版）』金子書房、1991
角田太作『世界の言語と日本語』くろしお出版、1991
クリストファバーナード『日本人が知らない英文法』プレイス、2005
斉藤武生、安井泉『講座学校文法の基礎　第二巻　名詞代名詞』研究社、1983
廣瀬泰三『英文法シリーズ：名詞』研究社、1955
夏目漱石『文学論（第四編）』
西村義樹『行為者と使役構文』研究社、1998
『小学館ランダムハウス英和大辞典（第二版）』小学館、1993
『新英文法辞典（第一版）』三省堂、1959
Question-Box Series 2 Noun, Pronoun: 16th ed. 大修館、1980

■著者紹介

勝見　務（かつみ・つとむ）

　元駿台予備学校および代々木ゼミナール講師。現在は、奇をてらわずに原書や文献の幅広い調査に基づいた英文法に関する研究・執筆に従事。

　主な著書は以下の通り：

『超英文法使い分けマニュアル』『基本英文法スーパーテク222』『単語力がなくても英文を読みこなす法』（共著）『和文英訳エクササイズブック』（共著）（以上、プレイス）、『コペルニクス英作文』（共著）『キャプテンクックの英文解釈』（共著）『プラトンの英作文講義』（共著）『英語教師のための英文法再整理』（以上、研究社）、訳書に『英語句動詞文例辞典』（研究社）、『ネイティブ発想・英熟語』（プレイス）など。

名詞 表現の底力
―― あなたの知らない名詞のダイナミズム

2014年4月15日　初版印刷　　　2014年4月25日　初版発行

著　者	勝　見　　務
発行者	山　内　昭　夫
発　行	有限会社 プレイス
	〒112-0002　東京都文京区小石川3-26-21-304
	電話　03(3814)6742
	URL http://www.place-inc.net/
印刷・製本	シナノ印刷株式会社

カバーデザイン・イラスト／パント大吉（オフィスパント）

©Tsutomu Katsumi/ 2014 Printed in Japan
ISBN 978-4-903738-33-8
定価はカバーに表示してあります。乱丁本・落丁本はお取替いたします。